乡贤文化丛书

乡贤文化丛书

天下一家，中国一人
—— 创建乡约的吕大钧兄弟

卫绍生　廉朴　主编

周军伟　著

中原出版传媒集团
中原传媒股份公司
大象出版社
·郑州·

图书在版编目(CIP)数据

天下一家,中国一人:创建乡约的吕大钧兄弟/周军伟著.— 郑州:大象出版社,2018.8
(乡贤文化丛书/卫绍生,廉朴主编.第一辑)
ISBN 978-7-5347-9681-4

Ⅰ.①天… Ⅱ.①周… Ⅲ.①吕大钧(1029-1080)—生平事迹 Ⅳ.①K827=463

中国版本图书馆 CIP 数据核字(2018)第 008982 号

乡贤文化丛书
卫绍生 廉朴 主编
TIANXIA YI JIA, ZHONGGUO YI REN

天下一家,中国一人
——创建乡约的吕大钧兄弟

周军伟 著

出 版 人	王刘纯
总 策 划	郑强胜
责任编辑	裴红燕 张迎娟
责任校对	毛 路
装帧设计	王莉娟

出版发行	大象出版社(郑州市开元路 16 号 邮政编码 450044)
	发行科 0371-63863551 总编室 0371-65597936
网 址	www.daxiang.cn
印 刷	洛阳和众印刷有限公司
经 销	各地新华书店经销
开 本	787mm×1092mm 1/16
印 张	9.75
字 数	118 千字
版 次	2018 年 8 月第 1 版 2018 年 8 月第 1 次印刷
定 价	24.00 元

若发现印、装质量问题,影响阅读,请与承印厂联系调换。
印厂地址 洛阳市高新区丰华路三号
邮政编码 471003 电话 0379-64606268

总序

"乡贤",这一古老的称呼已经淡出人们的视野很久了。

党的十八大以来,乡贤重新进入人们的视野,成为人们热议的话题。中共中央、国务院2015年颁布的《关于加大改革创新力度加快农业现代化建设的若干意见》中明确指出,要"创新乡贤文化,弘扬善行义举,以乡情乡愁为纽带吸引和凝聚各方人士支持家乡建设,传承乡村文明"。在中共中央、国务院的文件里提到乡贤和乡贤文化,这应该是首次,它表明作为中国优秀传统文化重要组成部分的乡贤文化,既是传承乡村文明的重要内容,也是新时期农村文化建设的重要内容。但是,由于乡贤和乡贤文化淡出人们视线已久,在这一概念重新被提出来的时候,许多人并不明白什么是乡贤,什么是乡贤文化,更不知道如何传承和弘扬乡贤文化。鉴于此,有必要对乡贤称谓、乡贤之说的起源、乡贤对中国乡村的作用与意义、乡贤文化包含哪些内容等,作简要回答。

何谓乡贤?按照通常的解释,乡贤是指那些道德品行高尚同时又对乡村建设有过贡献的人。这里包含两个层面的意思:一是道德品行高尚,二是对家乡建设作出过贡献。但如果仅仅是道德品行高尚,满足于个人修身齐家、独善己身、洁身自好,很少关心乡里乡亲,很少对乡梓作出过贡献,那么,这样的人只能称为乡隐,而不能称为乡贤。乡贤既应是道德为人敬仰、行为堪称模范的人,更应是为家乡作出过一定贡献的人。不论是教书育人、传承文化、制定乡约、调解邻里矛盾,还是乐善好施、修桥铺路、接济乡人,举凡一切有益于乡里乡亲的事情,他们总是满腔热情,乐做善为。对乡村建设的贡献,是乡贤的必备条件。如果对家乡父老没有什么贡献可言,何以成为乡贤?看一看汉魏六朝出现的一些记述各地乡贤的著作,如《汝南先贤传》《陈留耆旧传》《襄阳耆旧记》《鲁国先贤传》《楚国先贤传》等,其中记载的各地乡贤,不仅在道德、学问、修养、名望等方面为人称颂,成为时人敬仰的楷模,而且都是对家乡作出过贡献的人。他们能入各种乡贤传,绝非浪得虚名。

乡贤之说起源于何时?乡贤很早就存在于中国的乡村,但乡贤之说却是在东汉中后期才逐渐流行起来的。东汉中后期,随着一些世家大族的崛起,各个郡国都热衷于撰写乡贤传记,表彰那些曾经为当地经济、社会、文化发展作出过贡献的贤人雅士。东汉以后,世家大族成为维持中国乡村社会稳定的重要力量,涌现出许多被后人称为乡贤的人物,他们对当时的社会,乃至对中国历史文化都产生了重要影响。作为乡村精英的乡贤,在乡村治理、乡村教育等方面可补政府治理之不足,发挥了政府无法起到的重要作用。一些人看到了乡贤对社会发展的积极作用,把所属郡国那些有影响的人物事迹记录下来,于是出现了所谓的"郡书"。唐代史学家刘知幾在谈到这类著作时说:"郡书者,矜其乡贤,美其邦族,施于本国,颇得流行;置于他方,罕闻爱异。其有如常璩之详审,刘昞之该博,而能传诸不朽、见美来裔者,盖无几焉。"(刘知幾:《史通》卷十《内篇·杂述》)刘知幾是较早关注到乡贤类著作的史学家,他认为,乡贤类著作都是"矜其乡贤,美其邦族",因而在当地比较流行,而到了其他地方,知道的人就很少了。在谈到东汉史书繁盛的原因时,刘知幾再次提到了乡贤:"降及东京,作者弥众。至如名邦大都,地富才良,高门甲族,代多髦俊。邑老乡贤,竞为别录。家牒宗谱,各成私传。于是笔削所采,闻见益多。此中兴之史,所以又广于《前汉》也。"(刘知幾:《史通》卷九《内篇·烦省》）刘知幾虽然没有对乡贤作出解释，但他把"邑老乡贤"与"高门甲族"相提并论，表明他已经把"邑老乡贤"与"高门甲族"放在同一个层级上，充分肯定了"邑老乡贤"的历史地位与作用。

乡贤对中国乡村有怎样的作用与意义呢？乡贤在乡村建设中的作用是多方面的。他们不仅热衷于乡村治理和乡村教育，而且乐善好施、造福乡里。乡贤一般都是受过良好教育的人，他们是乡里有知识、有影响的人物，经济实力往往要比一般村民好一些。他们有能力也有意愿造福桑梓，所以常常在乡村建设上主动作为，只要是力所能及，他们一般不会推辞。在乡村治理方面，乡贤往往身兼管理者、参与者、协调者等多重角色，必要的时候，他们也可以发挥上情下达或下情上传的作用，成为联系乡亲和政府的桥梁与纽带。在调解邻里冲突和乡人矛盾上，他们不会以势压人，而是以理服人，注重多方协调和沟通，注重平衡各方利益。所以，在乡村治理方面，乡贤是农耕文明时期中国乡村社会稳定的重要因素。

在乡村教育方面，乡贤的作用更是不可小觑。乡贤大多是饱读诗书之人，他们深知文化知识对于人们的生存、生活、成长和发展至关重要，所以他们非常重视教育，尤其重视启蒙教育和家庭教育。他们中的许多人自觉地担负起教育自家子弟和乡里子弟的重任，有不少人开私塾，并兼任私塾先生。虽然有的人也接受一些"束脩"，但总体来说，义务教书的情况较为常见。他们是乡村的"先生"，是传授文化知识的人，是教人向善的人。在善行义举方面，乡贤更是乐善好施的代名词。他们愿意帮助别人，勇于助困济人，乐于接济生活困难的乡亲。如东汉末年颍川郡著名乡贤陈寔，道德高尚，知书达理，处事公正，待人公平，为乡里所推重。乡里发生了纠纷，人们不去求官府，而是去找陈寔，请求他明断是非。只要是陈寔评的理、判的是非曲直，人们都欣然接受，没有什么怨言，以至于乡人都说："宁为刑罚所加，不为陈君所短。"陈寔还乐善好施，遇上灾年的时候，乡亲们缺吃少穿，他就接济他们。大灾之年，陈寔的善举不仅挽救了那些一时糊涂的人，而且教化了乡党，纯洁了世风。当然，更多的乡贤是靠他们的智慧和财富造福乡里，为乡亲做好事，譬如常见的修桥铺路、接济穷困等助人为乐之事。在乡村治理结构尚不完备的中国传统社会，乡贤在文化教育、乡村治理、乡村建设等方面，都起到了政府所起不到的作用。他们是中国传统乡村超稳定结构的基石，也是推动乡村发展的动力。

对于乡贤，我们应该历史地来看，既要看到他们在乡村文化教育、乡村治理、乡村建设等方面的积极作用，也要看到他们对中国传统乡村超稳定结构的固化作用。乡村是农业社会的基础，也是各级政权的基础。但是，在中国传统社会，权力不下郡县，县级政权成为封建社会的基层政权，县令或县长通常都是七品官甚至是从七品官，县丞、县尉的级别就更低了。国家行政机构设置到县级，县以下是乡和里。乡和里的治理则借重民间力量，乡长和里长大多是由当地德高望重的长者或望族的族长担任，他们没有官位，不吃皇粮，不领俸禄，只是负责维持当地的秩序，帮助地方政府做一些诸如征收税赋、摊派徭役、管理户籍、教化民众之类的事情。但在乡村治理及文化教育等方面，乡长、里长则常常要借重乡贤的力量，因为乡贤有文化、有见识、有影响力，甚至还有财力。当乡贤与乡里管理者相向而行、勠力同心的时候，乡里就会稳定，乡村治理就比较顺畅。这个时候，乡贤的作用就得到了充分发挥。乡贤在某种意义上成了乡村治理的标杆，成为乡人敬仰和追慕的对象。但是，由于乡贤所受的教育不同，他们的理想、信念、追求也各有差异，因此，他们中的许多人不愿意与当权者同流合污，更看不惯权豪势要欺辱压榨百姓，往往是特立独行者和孤独求道者，但他们依然坚持用自己的方式服务乡里，造福百姓。如许劭主持汝南"月旦评"，大力奖掖和提携汝南才俊，评点天下名士，成为汉末继郭泰之后的清议领袖。他不应朝廷征辟，谢绝高官厚禄，以"局外人"的身份品评人物，客观公正，令人信服。又如吃尽文盲苦头的武训，穷且益坚，不坠青云之志，行乞办学，创办崇贤义塾，让那些读不起书的孩子进学堂读书，更让人肃然起敬。再如晚清职业慈善家余治，一生清贫，却四处呐喊，奔走于大江南北，劝人行善，宣传忠孝节义，成立各种慈善机构，移风易俗，救济孤贫，而且创立戏班，编写剧本，以戏曲劝善，被人誉为"江南大善人"。他们以各自的方式感染着世人，固化着中国乡村的超稳定结构，使中国乡村这个自秦汉以来政府行政权力鞭长莫及之地，成为乡绅乡贤的表演舞台。在当代作家陈忠实的长篇小说《白鹿原》中，从白嘉轩、鹿子霖和冷先生等人物身上，读者依稀看到了久违的乡贤形象，所以有评论者指出，《白鹿原》就是在寻找失去的乡贤。这样的评论虽然不无偏颇，却也道出了小说的文化追求。

乡贤是乡贤文化的创造者和实践者，从他们身上，人们可以看到传统乡贤文化在乡村建设、乡村治理、文化教育、乡土认同等方面发挥的重要作用。所以，从中国古代一直到近现代，许多乡村都建有乡贤祠，用以供奉和祭奠那些为乡村建设作出贡献的乡贤们，展示各地不同的乡贤文化。

乡贤文化是由乡贤及其乡人共同创造的，是中华优秀传统文化的重要组成部分。它作为一种文化形态，对中国古代的乡村治理，对家国文化的认同，对乡村社会的维系，对农业文明的传承，对宗族文化的延续，对乡村文明的弘扬，都具有重要的文化价值。在传承发展中华优秀传统文化的当下，创新乡贤文化，就应在进一步明确乡贤文化的历史文化价值与当代意义的前提下，深入发掘乡贤文化的内在价值和积极作用。具体来讲，就是要注重发掘乡贤文化对家国认同、乡村治理、乡村教育、乡村建设、乡村文明传承等方面的深层文化内涵，通过一个个乡贤人物，阐释乡贤文化的重要价值，梳理乡贤文化的积极意义，探索乡贤文化的传承创新路径。譬如家国认同，首先是基于对家族和家乡的认同。乡贤作为当地的贤者，不仅具有很强的凝聚力，而且还常常让乡党引以为豪，人们不论处于多么遥远的地方，只要说起共有的乡贤，就会立即引起强烈的共鸣，自然而然地拉近了人们之间的情感距离，从而形成对家族和家乡的认同。从这个意义上说，乡贤是家乡认同的标志性人物，也是促进家国认同的情感纽带。

乡贤文化对传承发展乡村文明，对当代乡村文化建设，对提升文化自觉、树立文化自信，对实现中华民族伟大复兴的中国梦，都具有积极意义。在大力弘扬传承发展中华优秀传统文化的当下，挖掘乡贤文化的丰富内涵，梳理乡贤文化的历史脉络，发掘乡贤文化的价值意义，进而创新乡贤文化，建设新乡贤文化，是传承发展中华优秀传统文化的内在要求，是提升文化自觉、树立文化自信的内在要求，也是实现中华民族伟大复兴的中国梦的内在要求。

为此，我们组织编纂了这套"乡贤文化丛书"，把自东汉以来的历代乡贤进行梳理，系统展示乡贤、乡贤文化的历史风貌和文化价值，以期让广大读者对优秀传统文化中的乡贤和乡贤文化有更多的了解，对乡贤文化的历史作用和当代价值有更多的认知，共同为创新乡贤文化、建设新乡贤文化作出应有的贡献。

"乡贤文化丛书"第一辑，我们精选了10位在中国历史上有一定影响的各地乡贤，他们不论在教书育人、修身齐家，还是在乡村治理、乡村建设、慈善赈济等方面均作出了一定贡献，成为人们传颂的典范楷模。在本辑编写过程中，每位作者均对自己承担的人物有一定研究，但因作者较多，行文风格各异，难免会出现一些不尽如人意之处，不妥之处，尚祈读者批评。

卫绍生　廉朴
2018年5月20日

目　录

五子登科：三代人的奋斗 …………………………… 001
　　一、定居蓝田 ………………………………………… 001
　　二、走背字儿的汲郡显德侍郎院 …………………… 003
　　三、五子登科：吕蕡的才华 ………………………… 007

拜师求道 ………………………………………………… 013
　　一、道的魅力 ………………………………………… 013
　　二、嘉祐二年的道学巅峰论坛 ……………………… 014
　　三、道学是什么 ……………………………………… 018
　　四、张载的道 ………………………………………… 023

师友和对手 …………………………………………… 027
　　一、同族扶持 ………………………………………… 027
　　二、门户相当结婚姻 ………………………………… 028
　　三、道之所存，师之所存 …………………………… 031
　　四、吕大防与张载、二程的交往 …………………… 041
　　五、吕大防与苏氏兄弟 ……………………………… 046
　　六、对手 ……………………………………………… 056

直刚君子吕大忠 ·················· 062
一、初入职场：慢慢地被人超越 ········· 063
二、知军事，善外交 ··············· 065
三、直刚君子 ·················· 075

宰相吕大防 ···················· 079
一、一朝成名天下闻 ··············· 079
二、浮沉 ····················· 086
三、宰执天下 ·················· 092

勇不可及吕大钧 ·················· 098
一、出则勇 ···················· 098
二、入则孝 ···················· 103
三、胸怀天下 ·················· 106

学者吕大临 ···················· 111
一、解经释道 ·················· 112
二、因事论学 ·················· 116
三、那些先生 ·················· 119

乡约：日用之道，天下一家 ············ 125
一、《乡约》：百姓日用之道 ··········· 126
二、兄弟辩难 ·················· 130
三、历史接力：乡约的价值 ············ 133

参考文献 ······················ 140

一、定居蓝田

历史上曾经发生过很多微不足道的事情。微不足道的意思是，这些事情小到了历史典籍根本不会去书写的程度。虽然对于一个人来说，这些事是大事，比如说生与死，但是并不是每一个人的生与死都会被记录在史册上。只有那些影响了历史进程或者创造了历史的人，才能安享人生的全部事件或者片段被载入史册的权利。

中国古代不少思想家认为，小事情里孕育着大事情。所以，我们的历史记录者会在大事情发生与大人物出世时，尽量追寻大事情之前的小事情与大人物之前的小人物，以便梳理出正在发生着的历史源流与根脚。北宋立国几十年后，太常博士吕通没有归葬祖茔，而是葬于陕西蓝田，便是这样的小事情。

如果不是吕通有五个孙子相继登科，名噪一时，如果不是他的孙子吕大防做官做得好，被记入《宋史》，那么我们可能就不会知道这位老人的任何事情，即便是死亡与安葬这样的人生大事也同样不会被我们知道。尽管吕通因孙子的事功而被记入史册，但我们仍旧不知道吕通的生卒年月。所以，我只能使用"北宋立国几十年后"这样模糊的时间词。甚至，我们不知道为什么他被葬在蓝田而不是归葬祖茔。《宋史·吕大防传》只给了一句话——"通葬京兆蓝田，遂家焉"①。因为吕通葬在京兆蓝田，所以他的后人就安家于此，这怎么看都有太过随意的感觉。

随意的文字中往往隐藏着历史的秘密。我们尝试拼一拼历史的碎片，权作本书的引子。

吕通的另一个孙子吕大钧过世后，朋友范育为他撰写的墓表中提到了吕通，说："王考通，太常博士，赠兵部侍郎。……由兵部葬京兆之蓝田，故子孙为其县人焉。"②吕大钧生于仁宗天圣七年（1029），卒于神宗元丰三年（1080），享年五十二岁。据常情推断，此时距吕通安葬蓝田并不算久远，当年操持吕通葬礼的人中应当还有在世者，至少吕氏家族中应该还有知情者在世，加之墓表虽然常有为尊者讳的言语，但写上的事情至少应能为逝者的家人所认可，所以，范育所言应为事实——吕通是兵部安葬的。这是一件极为罕见的事情，兵部为何要安葬一位太常博士，谁主持此事，经历了何种程序，这些细节已经完全不可考了。然而，在翻阅材料时发现的另一种说法，却让笔者觉得吕通安葬蓝田可能另有隐情，不妨拿出来与诸位共览。清雍正年间修撰的《陕西通志》中记载说："蕡过蓝田，爱其山川风景，遂葬通于蓝田，因家焉。"③蕡，即吕蕡，吕通的二儿子。因为他喜欢蓝田的山川风光，就把父亲葬在这里。从宋到清，时代久远，中间又历经多次战乱，《陕西通志》的这个说法究竟可信度有多高，极难辨析。当然，不排除兵部安葬一次，吕蕡又迁葬自己父亲一次的可能，虽然这样看上去更加功利化。不管我们如何努力推测，由于文字材料稀少，即便加上地下材料，比如考古发掘吕氏墓葬，关于吕通，能够确认的仅仅是他最终埋葬于蓝田。他安葬于蓝田这件事的所有的秘密与疑惑，都已成为历史的秘密。

---

① 〔元〕脱脱等撰：《宋史》卷三百四十，中华书局，2000年。
② 陈俊民：《蓝田吕氏遗著辑校》，中华书局，1993年，第611页。
③ 《陕西通志》卷七十，文渊阁四库全书本。

吕通葬于蓝田为蓝田带来的最大的文化财富是在后世的文化史、思想史叙事中多出来了以蓝田吕氏为标签的几组词：蓝田四吕，蓝田四贤，蓝田三吕，等等。这些词说的其实是同一群人：在宋代的文化史中留下姓名并成为后世传说的吕蕡的儿子们（吕通的孙子们）。蓝田四吕和蓝田四贤是指生活在北宋中后期的吕大忠、吕大防、吕大钧、吕大临兄弟四人。其中吕大忠、吕大钧、吕大临因从学于张载、"二程"（程颢、程颐），故称为"蓝田三吕"。在当年的文化界，蓝田四吕是与"三苏"（苏洵、苏轼、苏辙）齐名的人物。不过"三苏"均以文学著名，而吕氏兄弟的成就分布在政治、思想、学术各个领域。

在文化大变革的时代里，传统文化如何被我们理解并消化吸收，也许应以百年为时间单位。

历史上那些光辉的人最不欠缺的就是时间，他们有一种神奇的穿越未来的能力。蓝田四吕就是这样的人。

二、走背字儿的汲郡显德侍郎院

历史上的小人物吕通安葬于蓝田，他的儿子们和孙子们便定居蓝田，以蓝田为家乡。我们说蓝田吕氏，差不多可以从这个时候算起。之前的岁月，他们这一支叫汲郡显德侍郎院。

这要追溯到吕通的爷爷吕咸休。

吕咸休在晚唐五代的混乱政局中是一位非常高明的政治达人。根据历史文献记载，他入仕之后，历后唐、后晋、后汉、后周四朝，并在后周显德年间任户部侍郎。后周显德七年（960），历史上著名的陈桥兵变发生，中国文教最为昌盛的时代拉开序幕。吕氏在宋代的三个重要分支称为三院，分别是河东长兴侍郎院、幽州天福侍郎院、汲郡显德侍郎院。其中汲郡显德侍郎院因吕咸休而得名。在吕氏家族中，吕咸休是能够独自创出一支脉的人,或者说,吕氏家族在吕咸休这一代出现了三位强人——吕咸休、吕琦、吕梦奇。这三位在唐宋之间的乱局中,都坐到了侍郎的高位,都开出了吕氏的新的支脉。吕氏在乱世中崛起。

到了治世,与其他两支相比,汲郡显德侍郎院运道并不好。

按照现代专家的研究,吕咸休是否仕宋,史无明文。为什么会这样?要知道北宋建立时,对前朝的官员优待有加,怎么到了吕咸休就史无明文?吕咸休在后唐就已经出仕,到宋朝立国时,他已经在五代的官场中摸爬滚打四十年左右了。按年龄,他到退休的时候了。不过,即便吕咸休在宋初退休,他的儿子在新的政府中也应该拥有一定的职位。这一时期,吕咸休的堂兄弟吕梦奇的儿子吕龟图任职起居郎、吕龟祥任职殿中丞,吕琦的儿子吕馀庆官至尚书左丞、吕端官至宰相。在吕氏三支脉的历史竞速赛中,吕咸休一脉一开局就落在了后面。

不仅吕咸休在北宋立国后的事迹史籍无载,有关他的儿子吕鹄的材料也少到了罕见的程度。在范育为吕大钧撰写的墓表中,仅有一句涉及吕鹄:"皇考鹄,赠司封员外郎。"[1]似乎吕鹄并未在大宋政府系统任职,只是因为后人的缘故被赠以哀荣。但是作为传承有序的仕宦世家,吕咸休父子没有任何理由在宋初的政治竞争中主动退出。翻阅《宋史》,在记录宋太祖赵匡胤的本纪中有一行文字与吕鹄有关:"七年春正月……癸亥,左拾遗秦壹、太子中允吕鹄并坐赃,宥死,杖、除名。"[2]此处的吕鹄是不是吕咸休的儿子?《宋史》没有注释说明,再加上其他文献中也没发现更多的材料,当代研究者有一定的疑问。若是为尊者讳、为贤者讳,以为贤者的先祖一定个个英明神武,我们自然可以解释说,这个吕鹄不是吕咸休的儿子,只是宋代历史上一个重名重姓的人而已。但相关的事件透露出的信息表明,这个吕鹄很可能就是吕咸休的儿子。

---

[1] 陈俊民:《蓝田吕氏遗著辑校》,中华书局,1993年,第611页。
[2] 〔元〕脱脱等撰:《宋史》卷三,中华书局,2000年。

如果将时光倒推到吕鹄获罪之前，北宋初年吕氏三支脉开创者的儿子们在新的朝廷都任有职务，而且还都不错。但到了大宋开宝六七年的时候，吕氏家族的一部分人开始走背字儿。比如吕鹄的堂兄弟吕馀庆，《续资治通鉴·宋纪七》记载：开宝六年"九月，吏部侍郎参知政事吕馀庆以疾求解职；丁卯，罢为尚书左丞"。在开宝六年时，吕馀庆"以疾求解职"，对于他个人来说，遇到这事儿挺倒霉的。

　　开宝七年（974）正月，吕鹄离开朝廷，与吕馀庆"以疾求解职"相距不到半年。但吕鹄比他的堂兄弟吕馀庆倒霉多了。吕鹄不仅官职级别与吕馀庆相差甚远，而且去职的理由也与其官宦世家的身份极为不符，居然是"坐赃"。坐赃主要是指官吏因职权之便非法收受财物的行为，大体上相当于现代的受贿。根据初定的处罚——死刑——来看，他非法收受财物的数额应该不小，但最终是"宥死"（宽恕了）。还好是这样，要不然我们这个故事到这里就结束了。

　　在吕鹄的案子中，如何斡旋，谁起到了决定性作用，把死刑改为杖刑，然后开除公职了事，这些跌宕起伏的事情是现代小说家非常感兴趣的话题。可惜，作为正经的史书，《宋史》没有笔墨可以浪费到这个级别的事件上，再加上时过境迁，一千多年过去了，我们也不可能对当事人做个访谈，便只好付诸阙如了。

　　与吕馀庆相比，吕鹄十分倒霉，官没做多大，还判了一次死刑，经周旋，杖责后开除出官员队伍。但与他的继任者相比，吕鹄是非常幸运的。因为，仅仅半年后，他的继任者"太子中允李仁友坐不法，弃市"[①]，不但执行了死刑，而且是死刑中较为严厉的一种。吕鹄和李仁友的相继倒下，不仅让人产生宋初太子中允是高危职位的感觉，而且也让人怀疑，吕鹄很可能是卷入了宋初的宫廷斗争之中，而不是什么收受贿赂，只不过由于吕家自唐代以来积攒的政治资本太过雄厚，他才能脱身逃命，但

---

① 〔元〕脱脱等撰：《宋史》卷三，中华书局，2000年。

也仅此而已。汲郡显德侍郎院这一支,因这件事元气大伤,用了三代人时间,才重新回到政治舞台的中心。吕鹄被除名是汲郡显德侍郎院走背字儿的开端。想起来还挺令人伤感的——这时候距他父亲在后周显德年间升任户部侍郎也就十年左右光景。汲郡显德侍郎院从自立门户开始,运道似乎就不怎么好。

吕馀庆"以疾求解职",吕鹄被除名,吕氏三院中其他活跃在政坛上的兄弟似乎没有受到太大牵连。对三国那段历史有了解的朋友看到这里会会心一笑:当年诸葛家族的各位兄弟似乎就是分布在不同的阵营。大家族的延续并不是一件容易的事情。

吕馀庆"以疾求解职"之后怎么样,他的后人怎么样,这不是我们这本书关注的对象,笔者本来不想说,可是看看吕氏后人修的家谱,有关吕馀庆后人的记载太过简短,简短到一句话就能说完:吕馀庆无后。吕氏家谱上,吕馀庆下面没有再列任何人的名字。当然,也可能是他的后人分散在其他地方,家谱未载。

吕鹄被除名后在哪里生活?靠什么为生?他应该是回到了汲郡。汲郡在哪儿?汲郡历史久远,西晋年间就有了,之后郡治所在地和辖区多有变化,大致在现在的新乡市一带。《河南通志》记载:"五代吕咸休墓在新乡县城东南吕公村。"[①] 那么,吕家的具体地址很可能就在现在的新乡县。吕咸休宦游几十年,估计积下了不少家底。吕鹄回老家之后的生计应该不至于困窘。

吕咸休一脉人丁不旺,到吕鹄时已经四代单传了。到吕鹄的儿子吕通,汲郡显德侍郎院仍是一脉单传。在血脉传承方面,吕家的这一支脉总让人提心吊胆。

吕通成年后如何应举,如何终其一生只做到太常博士,前文说过,这已经是历史的秘密了。好在随着距离主人公的时代越近,史料就越丰

[①] 《河南通志》卷四十九,文渊阁四库全书本。

富一些。吕通的第二个儿子吕賁在政治上有所成就，曾经主政同谷（今甘肃成县）、泰宁（今福建泰宁县）。吕賁晚年还被派往四川为官，幸得儿子吕大钧代替前往，才免于老年奔波。吕賁入仕后，大致就是这样在北宋的偏远县打转转。是个人能力、才学问题，还是机遇、运道问题，抑或是受到他爷爷事件的影响，我们不得而知。总之，他在官场上的成就远远比不上他的太爷爷吕咸休。似乎吕鹄在宋初官场上栽的大跟头所带来的背字儿一直延伸到了他这一代。不过汲郡显德侍郎院的背字儿也到这一代为止了。

三、五子登科：吕賁的才华

在汲郡显德侍郎院的历史中，吕賁是一位极独特、极有才华的人。放在大历史中，像他这样的人也不多见。

吕賁年轻的时候不在蓝田，那时候他家在华阴。陈师道《后山谈丛》里记载了吕賁的婚姻大事，曰："华阴吕君举进士，聘里中女，未行，既中第，妇家言曰：'吾女故无疾，既聘而后盲，敢辞。'吕君曰：'既聘而后盲，君不为欺，又何辞！'遂娶之。生五男子，皆中进士第，其一人丞相汲公是也。"下聘时，吕賁未婚妻身体健康，一切正常；他中第后，未婚妻居然目盲。要是放在一般人身上，大概就要退婚了吧。女方家里显然也是从一般的情理出发，和吕賁商量：咱们两家的婚事就算了吧。吕賁回答则是：下聘之后她才盲的，你们没有欺骗我，说什么退婚的事儿呢。他拒绝了女方提出的终止婚姻的建议，并且以进士的身份和女方结婚。吕賁依据什么选择妻子？不是相貌、身材、学历，他只是"以诚为心，以礼为行"。

论家世，他的太爷爷很风光，可惜是前朝的；他的爷爷倒是本朝立国时就在朝廷为官，可惜犯大错被除名了；他的父亲至死不过是个太常博士，按照常规他的父亲应当精熟礼仪，可是精熟礼仪又有何用？

"以诚为心，以礼为行"，这八个字说出来会让很多人感受到一种扑面而来的严肃气息，和浪漫沾不上边。但谁要是认真了，不但自己身体力行，而且把它作为家规家仪的宗旨，那将会塑造出一个非常强大、有力的家族。所以，我在遐想时觉得，或许吕蕡才是蓝田吕氏的领路人与真正的灵魂人物。

陈师道这段文字，现代学者有异议。过去的学者呢？过去的学者基本上没有时间关注需要借助历史拼图游戏才能拼出个模模糊糊形象的小人物，对于他们来说，知道蓝田四吕的父亲叫什么名字，再多少知道点儿他的逸事就够了，所以，他们没有异议。清雍正年间修撰的《陕西通志》记载，吕蕡在庆元二年（1196）中进士。李如冰博士指出，这不对。我也认为这不对。吕蕡卒于熙宁七年（1074），庆元为宋宁宗年号，此时吕蕡已去世百余年，根本不可能在庆元二年中进士。所以，最合理的解释是，清代人修撰《陕西通志》时笔误了。李如冰以为"庆元二年（1196）或为宝元二年（1039）之误"[①]。假设吕蕡1039年中第，那么吕蕡中第后与目盲的未婚妻结婚的说法就不大靠谱。因为，根据现有的史料，他的二儿子吕大防出生于1027年，1039年他的第四个儿子都已经出生了。所以，要么是陈师道说得不对，吕蕡不是先中第再结婚，要么是李如冰的推测有问题，吕蕡不是在1039年中第。出于好奇，我搜索了一下宋仁宗执政时都在哪些年份举行过科举考试，结果相当令人意外。宝元二年根本就没有举办科举考试，宋仁宗在位期间，大宋朝廷一共举办了十三次科举考试，没有一次在宝元二年，宝元元年倒是有一次。这样看来，《陕西通志》中的笔误肯定不是只错了个字那么简单。既然这样，那么在没有更多材料支持我们的文化考古时，我们就只好假定陈师道说的是对的——吕蕡是中第后才结婚的。

---

① 李如冰：《宋代蓝田四吕及其著述研究》，西北大学博士论文。

吕蕡这个人很独特，选择妻子、选择婚姻的观点与做法，与流俗不同倒也罢了，更独特的是，他金榜题名、洞房花烛后居然不去做官，而是潜心生娃，并立下远大志向——将来孩子全都中进士，复兴家门。要知道一般人中第之后的下一步就是入职做官，可是这一位的做法……我不知道哪一位现代女性能够容忍自己的丈夫婚后如此任性，追逐如此空虚的宏图大业。不过，梦想还是要有的，万一实现了呢？再说，那时候是古代社会啊，男人说了算。

"初谏议（吕蕡）学游未仕，教子六人，后五人相继登科，知名当世，其季贤而早死。缙绅士大夫，传其家声，以为美谈。"[1] 看吧，我们调侃自己的话，在别人那里就是现实。从这么美好的结果看，吕蕡的选择不是任性，而是经过深思熟虑并有极为深厚的学养和才华做底子的持之以恒的过程。多么出色和强大的执行力！细细思来，吕蕡真是一个让人敬重的特立独行的男人。

范育为吕大钧撰写的墓表中说吕蕡有六个儿子的事情已经为现代考古所证实。我们看吕蕡的家谱，发现吕蕡是他们这一支上下几代人中最能生而且最能生男孩的人，有六个儿子，他的亲哥哥吕英才生了三个。他的祖辈就不用提了，单传好几代。往下看，吕蕡的儿子们也没一个能够平他们父亲的纪录。再往下数的话，就麻烦了，因为北宋灭亡，整个北方都沦陷了，蓝田吕氏后人大都逃往南方，数据散失，难以确知。

吕蕡的六个儿子里，有五个中第，平了窦燕山的纪录。[2] 如果吕大受[3]未早亡，兴许吕蕡就可以破了窦燕山的纪录，六子登科。可惜，天不

---

[1] 陈俊民：《蓝田吕氏遗著辑校》，中华书局，1993年，第611页。
[2] 《三字经》中说："窦燕山，有义方；教五子，名俱扬。"
[3] 吕大受，一说吕大爱，吕蕡第四子，正应范育所说"其季贤而早死"。古代以伯、仲、叔、季表示兄弟间的排行顺序，季在老三之后，加上吕蕡的其他儿子历史上都能找到记载，唯有吕大受无记载，所以学者们推断，吕蕡那个"贤而早死"的季子就是吕大受。

假年。

对于吕氏兄弟来说，也许都登科并不是什么难题，难的是按时间排顺序。吕蕡的五个儿子登第时间非常有规律，充分显示出吕氏兄弟的彪悍之处。皇祐元年（1049），吕大防中进士甲科，吕大防是吕蕡的二儿子，在哲宗时升任宰相；皇祐五年（1053），吕大忠中进士，吕大忠是吕蕡的大儿子；嘉祐二年（1057），吕大钧中进士乙科，吕大钧是老三；嘉祐六年（1061），吕大临中进士，吕大临是老五（估计这时候老四吕大受已经去世）；1065年？这个没法往下写了，因为到目前为止，研究吕氏家族的学者们还没能够找出吕大观中进士的具体时间。我们只看前四位进士及第的吕氏兄弟就会发现，每隔四年，吕氏兄弟都会中进士一人，所以，或许老六吕大观就是在1065年中的进士。

吕蕡生儿子、教育儿子的能力和水平，在古代历史上没几个人能比得上，甚至比窦燕山更优秀。"窦燕山，有义方；教五子，名俱扬。"随着《三字经》的传播，窦燕山成为家庭教育者的楷模。吕蕡没有被编入蒙学教材，他的育儿经验便湮没在历史深处，不为人知。从中国文化发展与创造的角度看，吕蕡儿子们的贡献比窦燕山的儿子们要大得多——《吕氏乡约》是明清两朝基层治理的基础模板。这一点，唐代以后没有任何人能够与他们相提并论。

吕蕡教育出来的儿子，不仅应考能力强，处理实务能力强，而且人品好，他们兄弟之间的感情也特别好。

2014年，在甘肃成县发现吕蕡、吕大忠父子的摩崖题刻。"摩崖位于西狭东口南壁鱼窟岩，距地面约4米。《吕蕡题名》居右，纵32厘米，横27厘米，楷书3行，字径4—9厘米，自左至右识读，凡15字：辛卯十二月初 / 四日，同谷令 / 吕蕡游此。"[1]《吕蕡题名》刻于宋仁

---

[1] 蔡副全、宋涛：《西狭〈吕蕡题名〉〈吕大忠题记〉考》，《兰州文理学院学报》（社会科学版）2014年第5期。

宗皇祐三年（1051），这一年，他的二儿子吕大防中进士已经两年，再过两年他的大儿子吕大忠中进士。这样看来，吕蕡可能是在儿子学有所成前后正式步入仕途的。《吕蕡题名》的内容，既非歌赋，又无励志话语，简单至极。"《吕大忠题记》列左，纵36厘米，横22厘米，楷书6行，行11字，字径2—5厘米，也自左至右识读，凡63字：家府郎中皇祐中为令兹邑，/尝题名于鱼窟岩，小子著作/佐郎前郡从事大忠罢，权秦/凤机奏亦过此，伏读久之。熙/宁庚戌七月十二日。周君皐、/张君震、阎君鼎同游。"①《吕大忠题记》刻于宋神宗熙宁三年（1070），晚前者近二十年。吕大忠的题字详细交代了父亲在此为官的时间，言辞之中透出对父亲的深情——"伏读久之"。如果是路人的话，吕蕡这十几个字10秒钟读完都算慢的，哪需要"久之"，但吕大忠面对父亲的这十几个字，情绪激荡，良久不能平静。父子情深，颇为感人。

一年后，"□郡吕蕡自京师□长安过谒□□，男大忠、大钧、大临、大观侍"②。吕蕡从京师回长安，在世的儿子里除吕大防因公务不能随侍，大忠、大钧、大临、大观俱在身边。这一年距吕蕡去世只有三年光景，估计吕蕡的身体已经呈现老态，吕氏兄弟已有生前尽孝之心，足见吕蕡父子之间深厚的感情。这一年，吕大钧"移知福州侯官县（今福建福州）。故相曾公亮镇京兆府（今陕西西安），荐其知泾阳县，但他都没有去赴任"③，而是伴随父亲左右，悉心服侍。熙宁十年（1074），吕蕡去世。吕氏兄弟全都丁忧在家。熙宁九年（1076），服丧期满，吕大钧绝意仕途，专心治学，教化乡党间里。

---

① 蔡副全、宋涛：《西狭〈吕蕡题名〉〈吕大忠题记〉考》，《兰州文理学院学报》（社会科学版）2014年第5期。
② 国家图书馆善本金石组编：《宋代石刻文献全编》，北京图书馆出版社，2003年，第123页。
③ 李如冰：《宋代蓝田四吕及其著述研究》，西北大学博士论文。

熙宁三年（1070）之后的这几件事，显示出吕蕡父子之间，有情有礼，情礼互润，正是儒学世家的气象。

不光吕蕡父子之间感情深厚，吕氏兄弟之间的感情也诚挚感人。比如，吕大临去世后，他的二哥吕大防在祭奠他的文章中说："呜呼！吾十有四年而子始生。其幼也，吾抚之。其长也，吾诲之。以至宦学之成，莫不见其始，终于其亡也。得无恸乎！得无恸乎！"[①] 连声叹息"得无恸乎"，足令听者落泪，闻者色哀。

吕氏兄弟之间的感情并不仅仅因血脉之亲而来。在吕大防的祭文中，我们看到，兄长与小弟之间亦兄、亦父、亦师、亦友。吕氏兄弟在儒学的引导下共同成长，人伦之情在时间中渗透、汇聚，自然之天性经学问之切磋、熏陶变化为仁爱亲情，血脉之亲化成人文之亲。儒学的教化之力可谓大矣。

---

① 〔宋〕朱熹：《伊洛渊源录》卷八，文渊阁四库全书本。

一、道的魅力

"道"这个字，在汉语中带有一种先天的古典气质。自从老子"道可道，非常道"（《道德经》第一章）的名言传到稍有知识的人的耳朵后，有些人对道的印象只剩下以下几点：第一，道是道家的专利；第二，道这东西，没有人能够说明白；第三，道这东西，很厉害，一旦拥有，别无所求。这些印象的总体效应就是：道，和咱没啥关系啊；追求道，是一件很可笑的事情。不得不说，读书时，只读自己能够轻松看懂的部分，略过晦涩或者不那么容易懂的部分，这种一知半解的读书法会把读书人带到坑里去。这几种印象基本上都是错的，但这些印象的效应却是有真实体现的。"上士闻道，勤而行之；中士闻道，若存若亡；下士闻道，大笑之。不笑不足以为道。"（《道德经》第四十一章）老子很厉害，他对人类对待道的态度和行为所做的分类，不仅准确预言了他关于道的言辞在文化接受中的命运，而且辐射到后世。这种用直白的言辞洞穿历史的能力，大概是轴心时代思想家们所特有的。

但是，道不是道家的专利或者特权，而且道也不是东西。孔子也很喜欢讲道。与老子偏好抽象和总结不同，孔子偏好具体和分析。孔子喜欢把道放到生活和行为中讲："天下之达道五，所以行之者三。曰：君臣也，父子也，夫妇也，昆弟也，朋友之交也，五者天下之达道也。知，仁，勇，三者天下之达德也，所以行之者一也。或生而知之，或学而知之，或困而知之，及其知之，一也。或安而行之，或利而行之，或勉强而行之，及其成功，一也。"[1]抽象总结有抽象总结的坏处，比如我们很难理解老子在说什么。你不说我还没察觉，你一说我反而不明白了。具体分析有具体分析的坏处，比如我们往往会盯着老先生所说的具体条款，践行时总觉得隔了层什么，从这一条到那一条，气脉无法贯通，最后只落个不明白还觉得没什么。旁观者还好，不明白就不明白吧，饭照吃，事照做。但儒家学者就无所适从，尤其是宋朝时，大家治国理政用的就是儒家学问。怎么办？读书吧。可是读书这种事，光认识字哪够啊。藏在字里行间的道，没有老师耳提面命，靠自己领悟？悟出来的都成了圣人，比如孔子之后一百多年的时间里就出来了一位——孟子。悟不出来的呢？当然成不了圣人，不过作为士人，读读书，中中进士，做做官，顺带传承传承文化，还是可以的。一般的读书人（这里是指在几年的周期内全国只录用几百号人，也能坚持到最后的那些精英），人生的道路也就这样了。

对于吕氏兄弟来说，这样的人生是不完美的。他们有自己的人生追求，想要实现更高的价值。他们的父亲吕蕡，这个特立独行而又极有教育才华的男人，早就用实际行动告诉他们，中了进士才是人生的真正开始。

二、嘉祐二年的道学巅峰论坛

嘉祐二年（1057），蓝田吕家吕大钧参加了这一年的贡举考试。这一场考试，极不寻常。在中国一千多年的科举史上，像嘉祐二年贡举一样对中国历史产生这么大影响的考试并不多。嘉祐二年贡举的"考官多

---

[1] 〔战国〕孔伋：《中庸》，文渊阁四库全书本。

为仁宗朝的文化精英，此科的进士多为神宗、哲宗两朝的文化精英。唐宋八大家中的宋六家皆群集于京城。欧阳修为了纠正诗文革新中的不良倾向，采取了两条有力措施：一方面把'生于草野，不学时文，词语甚朴，无所藻饰'的苏轼兄弟置之高等；另一方面对'太学体'给以致命打击，凡为险怪奇涩之文者皆黜。这改变了整个宋代文坛的风气，形成了以平易流畅为特征的宋代文学风格，奠定了整个宋代乃至元、明、清各代文学发展的基础，并对邻国也产生了深远影响"[1]。嘉祐二年这场考试在文学、政治、哲学（这是现在的说法，当时叫道学，后世也称理学）方面对中国文化也是影响深远。宋朝理学有四大派——濂、洛、关、闽，闽派领军人物朱熹是南宋人，暂且不提，剩余三派中洛派二程和关派张载都是这一届的考生，濂派周敦颐又是洛派二程的老师。后世的研究中关于北宋理学有"北宋五子"的说法，指的是周敦颐、张载、程颢、程颐、邵雍。所以，如果谁要对中国古代哲学发展史感兴趣，嘉祐二年这场考试绝对是一个不可多得的切入点。

天才井喷，这是我对这场考试的感受。但是，对于当时的绝大多数考生来说，感受相当灰暗。"时进士益相习为奇僻，钩章棘句，浸失浑淳。欧阳修知贡举，尤以为患，痛裁抑之，仍严禁挟书者。既而试榜出，时所推誉，皆不在选。浇薄之士，候修晨朝，群聚诟斥之，街司逻卒不能止，至为祭文投其家，卒不能求其主名置于法，然自是文体亦少变。待试京师者恒六七千人，一不幸有故不应诏，往往沉沦十数年，以此毁行干进者，不可胜数。"[2] 从程序上来说，要搞考试改革，至少要提前若干年布告宣示，不能大家都来考试了，也答过卷子了，你这里说，以前的考试方向不合适，我们这届改革。大家伙儿坐了十几年甚至几十年的冷板凳怎么办？北宋的士子们开始行动，"候修晨朝，群聚诟斥之，街司逻卒不能止"。

---

[1] 曾枣庄：《文星璀璨的嘉祐二年贡举》，《北京大学学报》2010年第1期。

[2] 〔元〕脱脱等撰：《宋史》卷一百五十五，中华书局，2000年。

这样的反应还算正常的，个别心气实在不顺的就"为祭文投其家"，为欧阳修写一篇祭文投递到他家。但是，不管怎么发泄，木已成舟，被淘汰者只能以群像方式证明欧阳修年轻时的热血与刚性。他们是否沉沦，是否时过境迁之后重新振作，历史已经不大关心了。我们在中学语文课上熟知的唐宋古文运动在嘉祐二年的科举考试中由于欧阳修的铁腕而大获全胜。欧阳修不但自己文章写得好，还为古文运动一锤定音。

在群星璀璨的嘉祐二年，吕氏家族的吕大钧在任何一个得分点上都没有可取之处。比如，文学上，中小学课本里压根就没有吕大钧的名字，苏轼兄弟却是中学语文考试里的常客。再比如道学（哲学）方面，在大家伙儿候诏待命的这一小段时间里，张载就已经在当时宰相文彦博的支持下开课讲学了，"尝坐虎皮讲《易》京师，听从者甚众"[1]。坐虎皮，不管是坐在老虎皮上，还是坐在虎皮椅上，都给人一种威风凛凛的即视感。有人估计，吕大钧就在"听从者甚众"的那个"众"里。在这个大时代里，吕氏兄弟身上似乎没有什么主角光环。关键节点、关键人物、关键事件，三关键这样的故事构造深受历史书写者和叙事文学爱好者的喜爱。可是，让本书作者遗憾的是，一到关键时刻，我们的主人公们就立即站到二流强者的队伍里。由此可见，如果用英雄来定位蓝田吕氏，用英雄体来书写蓝田吕氏，既是一种错误的认知，也是一个不可能完成的任务。蓝田吕氏兄弟，着眼于历史流变，以千年为时间，以历史贡献为评判标准，确实是突出的俊杰，可是在当时的叙事中，他们只是普通的儒者。

《易》大概是"五经"中最难理解的一经了。蓝田吕氏的新进士吕大钧是什么感受？从后来发生的拜师事件看，吕大钧是认可张载的思想学说的，并能守师说而付诸实践。

"一夕，二程至，与论《易》，次日语人曰：'比见二程，深明《易》

---

[1] 〔元〕脱脱等撰：《宋史》卷四百二十七，中华书局，2000年。

道，吾所弗及，汝辈可师之。'撤坐辍讲。"①一天晚上，二程来看望他们的表叔张载。张载老家在河南，二程也是河南人。张载和二程的关系还是比较亲密的，这不仅得益于他们的亲戚关系，也得益于他们对学问共同的研讨。张载比程颢大十二岁，比程颐大十三岁。这一年，张载三十八岁，程颢二十六岁，程颐二十五岁。吕大钧呢？二十九岁。吕大钧和二程兄弟都是同龄人。这天晚上，二程和他们的表叔并没有叙亲情，而是开了个超小型的"大宋《易》学巅峰论坛"。至于他们究竟论了什么，史籍无载，只是在第二天，张载对听课的同学们说，你们可以换老师了，"比见二程，深明《易》道，吾所弗及，汝辈可师之"。这就是这次"巅峰论坛"的最大成果。张载坦承二程超越自己，并推荐大家以二程为师。这么说，是张载的《易》道太差了？这么想的同学请自行搜索《横渠易说》，或者从《张子全书》找到里面的《易说》，看一看张载都说了什么。看过之后就会明白，不是张载太弱小，而是二程太强悍。非战之过，斯乃天命。

面对二程，我不知道吕大钧是怎么想的，但知道张载是怎么想的。"与二程语道学之要，涣然自信曰：'吾道自足，何事旁求。'于是尽弃异学，淳如也。"②张载丝毫没有受《易》道不如二程的影响，在随后的道学研讨中，以强大的自信宣布自己已经找到了儒学的大道，"吾道自足，何事旁求"。

"吾道自足"，无比强大的宣言。这句话太强大了，强大到没人相信。"盖大学之教，不明于世者，千五百年。先是扶风张先生子厚闻而知之，而学者未之信也。"③好尴尬啊，没人相信。我想，这主要是由于人们受到赢者通吃观念的影响。一个失败者最需要的就是三缄其口，沉默是

---

① 〔元〕脱脱等撰：《宋史》卷四百二十七，中华书局，2000年。
② 〔元〕脱脱等撰：《宋史》卷四百二十七，中华书局，2000年。
③ 陈俊民：《蓝田吕氏遗著辑校》，中华书局，1993年，第616页。

失败者最好的发言方式。张载显然没有进入一个优秀失败者的自觉状态，或者他根本就没有觉得在《易》道上亲口说出不如二程是个什么事儿。但是架不住大家都这么认为啊。来自一千年后的读者都替你们着急，有眼不识金镶玉啊。谁来挽救这个窘境？吕大钧！

聪明人有聪明人的算盘，平凡者有平凡者的固习，愚昧者自有愚昧者的瓶颈，总之，一个人在先知不被信任和理解的境遇中，考验其眼界和勇气的时刻就到了。"一言而契，往执弟子礼问焉。"[4] 吕大钧虽然悟性不如张载，也不如程颢、程颐，但眼界与勇气远超同届的考生。张载和吕大钧在千年前联手主演的这出师徒相契的大戏，有悲情，有自信，有强大到足以穿透千年时光的判断力，有强悍到足以无视流俗的集体偏见的勇者之心，跌宕起伏，动人心魄。支持这一切，让他们的心胸和勇气与众不同的是什么？一言以蔽之，曰：道学。

现代心理学家马斯洛在研究人的需要时发现，对于一般人而言，自我实现的需要是至高需要，在自我实现的需要之上是自我超越的需要。当然到了这一层次就不是一般人了。什么是自我超越？以道为人生之最高追求，以道为生存之最高价值。用孔子的话来说就是，"朝闻道，夕死可矣"。这种人是极为特殊的一种人，他们往往拥有高深的智慧、宏阔的视野和强大的勇气。中华文明就是建立在他们的坚持与创造之上，他们在文明的根基处规划与制约着文明的方向。

三、道学是什么

道学是什么？

"道学"之名，古无是也。三代盛时，天子以是道为政教，大臣百官有司以是道为职业，党、庠、术、序师弟子以是道为

---

[4] 陈俊民：《蓝田吕氏遗著辑校》，中华书局，1993年，第616页。

讲习，四方百姓日用是道而不知。是故盈覆载之间，无一民一物不被是道之泽，以遂其性。于斯时也，道学之名，何自而立哉。

文王、周公既没，孔子有德无位，既不能使是道之用渐被斯世，退而与其徒定礼乐，明宪章，删《诗》，修《春秋》，赞《易象》，讨论《坟》《典》，期使五二圣人之道昭明于无穷。故曰："夫子贤于尧、舜远矣。"孔子没，曾子独得其传，传之子思，以及孟子，孟子没而无传。两汉而下，儒者之论大道，察焉而弗精，语焉而弗详，异端邪说起而乘之，几至大坏。

千有余载，至宋中叶，周敦颐出于舂陵，乃得圣贤不传之学，作《太极图说》《通书》，推明阴阳五行之理，命于天而性于人者，了若指掌。张载作《西铭》，又极言理一分殊之旨，然后道之大原出于天者，灼然而无疑焉。仁宗明道初年，程颢及弟颐实生，及长，受业周氏，已乃扩大其所闻，表章《大学》《中庸》二篇，与《语》《孟》并行，于是上自帝王传心之奥，下至初学入德之门，融会贯通，无复余蕴。[①]

这段对宋代道统论的总结，出自元人的手笔，但其中的观点与逻辑却是宋人已经意识到并总结出来的。因此，我们可以认为，宋代的这些道学先生对自己的思想与行为有着非常清晰的历史定位与历史意识。他们努力使自己活在历史里。从儒学与中国文明、中国政治的发展来看，宋代的道学先生通过重构儒学，在社会文化变革中践行自己的思想，实现了活在历史里的愿望。

"江山如此多娇，引无数英雄竞折腰。惜秦皇汉武，略输文采；唐宗宋祖，稍逊风骚。一代天骄，成吉思汗，只识弯弓射大雕。"这一段词，以江山为画布，以朝代更迭为经线，以英雄功业为点缀，气魄宏大，笔力雄健。读之，人民领袖毛泽东指点江山、激扬文字之态，留在了历

---

① 〔元〕脱脱等撰：《宋史》卷四百二十七，中华书局，2000年。

史的长河中，因马克思主义之智慧，携人民之伟力，铸文明之新声，可谓中华文明生死存亡之际，凤凰涅槃之时，脱胎换骨的宣言。在新的思想的视野里，在这段文字里，秦皇、汉武、唐宗、宋祖、成吉思汗这几位中华文明史上散发着耀眼光芒的风流人物，不过是"俱往矣"。这是新的思想、新的哲学、新的道对历史的价值重估与评判。

"孟子没而无传。两汉而下，儒者之论大道，察焉而弗精，语焉而弗详，异端邪说起而乘之，几至大坏。千有余载，至宋中叶……"与"俱往矣"相比较，这一段话就是说，从孟子往后至宋中叶前，就是思想的荒漠、哲学的废园。我想，如果让宋人穿越到现在的大学哲学系做中国哲学史教授，那么学生学完先秦段之后一定是直接跳到宋代。现代人津津乐道的汉唐雄风，在宋代道学家的眼中等于历史的空白。因为他们没有哲学的推进与思想的创造，甚至还要打负分——"异端邪说起而乘之，几至大坏"。说句实在话，我不知道董仲舒听见会是什么反应，但我觉得治中国哲学史的学者一定会说，宋代道学先生太武断、太主观、太片面、太历史虚无主义、太不科学。是的，这不科学。他们不论证，不抽象，不分析，就这么截断横流，就这么霸气而武断。不过，如果我们翻看现代中国哲学史著作，就会发现，宋代道学家的这个判断是书写中国哲学史所遵循的一个基本历史框架。在哲学史书写中，秦、汉、唐千余年间，阴阳谶纬、天人感应、玄学、佛学，各自粉墨登场，各领风骚数百年，儒学则难说有啥进展。在现代哲学史的研究中，这些当然是哲学，是思想，可是，在宋代道学家的眼中，它们不是。为什么？看看宋代道学家如何追本溯源就知道了。

"'道学'之名，古无是也。三代盛时，天子以是道为政教，大臣百官有司以是道为职业，党、庠、术、序师弟子以是道为讲习，四方百姓日用是道而不知。是故盈覆载之间，无一民一物不被是道之泽，以遂其性。于斯时也，道学之名，何自而立哉。"在现代文化认知中，夏、商、周三代充满无数空白和疑惑,甚至有人怀疑这三代历史不是信史。为什么?关于这三代,无论是文字资料还是实物资料都非常少。这三代文化的知识支点少到难以支撑起想象世界的程度。夏商周断代工程也未能从根本上解决这个问题。所以,到现在为止,这三代究竟如何仍旧是难以确知的历史学难题。对于宋人来说会不会因为所处时间节点靠前而资料丰富一些呢?并不是这样。焚书坑儒之后,虽然在汉代因记忆和发掘旧宅恢复了一些典籍资料,但大规模地有计划地毁灭历史典籍与记忆所造成的文明损失是不可挽回的。吕氏兄弟中老五吕大临在学术研究中提出:"汉承秦火之余,上视三代如更夜梦觉之变,虽遗编断简,仅存二三,然世移俗革,人亡书残,不复想见先王之绪余,至人之馨欬。"[①]所以,事关这三代的地上典籍资料,即使宋人所知比我们多,也是非常有限的。再考虑到现代考古学的发展和成就,如甲骨文的大规模发掘与释读,钟鼎文的搜集与释读,夏、商、周遗址的发掘,宋人对于三代事情的了解可能并不如现代人丰富。

不过,在特意引出的这几句话里,我们看到宋人对夏、商、周三代之治的一种极度崇拜与认可,他们对这三代的描述,给我们这样的印象:他们熟知这三代的生活与政治,他们悉知这三代的天子与大臣的工作内容与方式,他们认为这三代为中国人生存与发展的黄金时代与最高境界。"无一民一物不被是道之泽,以遂其性。"在道的润泽之下,每个人、每种物的天性(自性)都得到充分的发展。这让我想起马克思的著名论断:未来社会将是一个把每一个人都有完全的自由发展作为根本原则的高级社会形态。尊重每一个人的发展潜能和发展权利,宋代的道学先生和现代的伟大思想家马克思,跨越时间、地域和文化的间隔建立了一种神奇的历史对话。但二者又是有区别的,这是理所当然的事情。

宋代的道学通过否定秦、汉、唐的历史(通常这一段历史被称为信史,

---

① 陈俊民:《蓝田吕氏遗著辑校》,中华书局,1993年,第591页。

也就是证据确凿的历史），回到夏、商、周三代（这一段的历史有相当多的部分被视为传说与神话，而非信史）为自己追溯渊源、建立根基。在论说语言的表层呈现出复古的特征。

所有的复古都有两种面相。其一，也可能是由于时代的限制，有一部分人真的以为复古才是最好的社会建构与发展方式。其二，以复古之名，行创造之实。唐宋文坛上的古文运动、西方历史上的文艺复兴，都是打着复古旗号的社会文化创新。之所以如此，是因为在复古语言的底层还隐藏着形而上的追求与论证。在秦、汉、唐三代这个没有道学的时代，有一个存在高于一切人和事，那就是道。所有的人都依照道来行事，无论是天子、大臣还是百姓。在价值上，道超越一切现实的人和事。在存在方式上，道又存在于一切人和事之中。如此，道便获得了一种在任何时代与任何人事关系之中存在并发挥作用的力量。表层的复古语言所勾画出的图景只是因为底层有道的存在才获得了宋人的虔诚的信仰。复古的现实性与力量感俱来源于道的普遍与永恒。

与道学先生在构造学术语言时对待历史的方向恰恰相反，马克思在系统研究并肯定信史价值的基础上，抽象、分析、总结出社会发展的动力与方向，具有鲜明的现实感和未来指向。从认识的角度来说，马克思主义哲学是一种彻底的、抛弃了复古外衣的、真正地指向未来与创造的哲学。与道学相比，马克思所选择的通向未来的途径更加坚实，更少虚幻想象与神秘玄思。与马克思相比，道学家构建、创造理想社会的途径缺乏真正切入到历史发展机理的维度，不免虚浮而乏力。"欲济无舟楫"，如此诗意的句子，千年来儒生以不同的言辞反复咏叹，道理便在于此。

虽然如此，我们并不能站在马克思的肩膀上去嘲讽宋代的道学先生：一则是，马克思肯定不会赞同这种肤浅的对待古人的态度；二则是，他们确确实实殚精竭虑地要打通历史与现实、形而上与形而下，要为后世（也就是我们）的生存与发展立下至高的标尺，为中华文化的蔚然竖立导航的灯塔。

四、张载的道

  为天地立心，为生民立命，为往圣继绝学，为万世开太平。

  张载的这四句话，明心见性，洒脱，宏大，铿锵有力，掷地有声。"匹夫而为百世师，一言而为天下法。"这是苏轼评价韩愈的文句，笔者认为移过来评价张载也同样合适。宋代道学先生的骨子里有着这样的雄心，气质里有着儒学的刚正与狂野，思想里有着为生民而成圣的自觉，身体里有着践行信仰的能力。这四句话，随着时间的推移，越来越为学者、政治家所激赏、认同，并为之努力，甚至牺牲。千年过去，这四句话的力量不仅没有消散，反而如陈酿一般散发出一嗅之下终身服膺的缠绵之气。如此态度，如此气魄，如此觉悟，何患道学不立？何患文化复兴大业不成？

  风云际会，嘉祐二年这场道学"巅峰论坛"，不是张载道学的大成之时，而是一个开端。成功都是被逼出来的。如果没有二程来访，没有二程的强力冲击，张载何时能够真正领悟大道便是一个未知数。"独学而无友，则孤陋而寡闻。"[①]诚哉斯言。一个大才是孤独的。一个天才云集的时代是富有创造性的时代，是极为幸运的文化创造的时代。因此，这个开端不仅是张载道学的真正开端，也是儒学在宋代兴起的伟大开端，同时，也是蓝田吕氏兄弟拜师求道的开端。如果把蓝田吕氏兄弟在道学实践及其治理制度建构方面的影响了解一遍的话，我们得说，好学生成就好老师，富有创造力的学生会让世人看到老师思想的价值与力量，一如当年孔夫子的学生之于孔夫子。继吕大钧之后，他的哥哥吕大忠、弟弟吕大临陆续拜入张载门下，除了吕大防，吕大防有自己的道。吕大钧

[①] 《礼记·学记第十八》，文渊阁四库全书本。

才是张载真正的崇拜者。不是因为张载已经道学大成，而是因为张载找到了道学通途的开端与入口，吕氏兄弟甘愿拜入张载门下与张载共同研修道学，共同成长、进步。所谓教学相长，莫过于此。

如此吸引吕氏兄弟，并在中国文化史、哲学史上占有一席之地的张载的道究竟是什么？且容我分解一二。

> （张载）还朝，即移疾屏居南山下，终日危坐一室，左右简编，俯而读，仰而思，有得则识之，或中夜起坐，取烛以书。其志道精思，未始须臾息，亦未尝须臾忘也。敝衣蔬食，与诸生讲学，每告以知礼成性、变化气质之道，学必如圣人而后已。以为知人而不知天，求为贤人而不求为圣人，此秦、汉以来学者大蔽也。故其学尊礼贵德、乐天安命，以《易》为宗，以《中庸》为体，以孔、孟为法，黜怪妄，辨鬼神。其家昏丧葬祭，率用先王之意，而傅以今礼。又论定井田、宅里、发敛、学校之法，皆欲条理成书，使可举而措诸事业。①

"与诸生讲学，每告以知礼成性、变化气质之道，学必如圣人而后已。"重要的事情说三遍，可是与"每告"相比，说的还是少了。依据我们当学生的经验可以轻松判断出来，"每告"之后的内容一定是张载圈定的重点。不过，张载的学校不是学期制，而是终身学习制；张载的考试不是闭卷笔试，而是实践；张载的成绩不是分数，而是同时代人的口碑和历史的容纳度。不是历史的评判，历史哪有工夫去评判谁高谁低，历史会接纳并把杰出者的创造力融入自身。从历史来看，蓝田吕氏兄弟是张载的好学生，他们的《乡约》在历史中直接黏合入中国传统治理制度之中，并串联起了历史上若干威名赫赫的名字。这个成绩，应该是最好的。

说完成绩，还得回过头来弄清楚张载的道究竟是什么。我们先看"每

---

① 〔元〕脱脱等撰：《宋史》卷四百二十七，中华书局，2000年。

告"的重点,它包括两部分:其一,什么样的道。"知礼成性、变化气质之道",看上去就头疼啊,尤其对于现代人来说。这个地方得解释一下。核心词其实只有一个——礼。学过历史的人一定对西周的礼制有印象。张载的道学告诉大家的就是要紧紧抓住"礼"这个核心,践行礼,让自己从一个自然的人变成一个社会的人。其二,达到什么样的高度。"君子"自孔圣人以来,被视为儒家修身之学的现实样板。至少,在现代的大众接受视野中是这样的。但是,在张载这里不达标。张载系统研究了历史,并严肃指出:"求为贤人而不求为圣人,此秦、汉以来学者大蔽也。"在学习和修身上,目标一定要高,否则就会画虎不成反类犬。眼高而后手高,张载的要求其实挺严苛的,"学必如圣人而后已"。登堂入室,张载对学生的要求就是登得圣人之堂、入得圣人之室。我不知道他的学生听到老师这样的要求,内心会作何感想。但我知道,在几百年后,真有一位先生,打小就立志做圣人,历经千辛万苦,历经无数寂寞,一夜顿悟成圣。他就是王阳明,一位在中华文化的现代转型中备受推崇的圣哲。他是不是私淑张载,这不重要,重要的是他证明了张载的要求是完全可以达到的。一个文化的创造者和开拓者,就得有这股子劲儿。张载的这两大重点,不可割裂来理解,知行合一,说的就是这种情况。为了方便理解和传授,道理和方法必须分开才能说清楚,但学生在自己的学习和生活中只有把它们合为一体才能学到真东西。

"以《易》为宗,以《中庸》为体,以孔、孟为法,黜怪妄,辨鬼神。"这么复杂而深远的思想,落到实处就是"尊礼贵德,乐天安命"。唯有如此,形而上的思想与形而下的生活才能融为一个有意义、有价值的整体。

宋建立在一个巨大的创伤之上,金瓯有缺,疆域不全。晚唐的混乱是全方位的,退步也是全方位的。物质与精神的关联性在历史的浮沉之中清晰而又耀眼。伴随着国力的恢复,北宋摆脱了早期无人可用、无才可举的悲惨境地。"半部《论语》治天下"的时代被朝气蓬勃到野心勃勃的时代所取代。吕大钧生活的这个时代，又形成了对于整个中华文化而言至关重要的一种意识——道统。古往今来，如此自觉而且气魄宏大的文化建构意识并不多。智慧、心胸、勇气、卓绝的精神力量、坚韧不拔的执行力，汇成知行合一的能力。这是在历史洪流中，慧眼独具并勇敢投入其中，身体力行，践履致知的吕氏兄弟的写照，也是他们的对手和朋友们的精神画像。文明之幸，无过于斯；文明之殇，亦无过于斯。

一、同族扶持

蓝田吕氏兄弟的母族在历史上没有什么记载，吕氏墓葬考古发掘仅能确认吕蕡正室为马夫人，续娶茹夫人，吕氏兄弟的母亲究竟姓什么，不是一个容易弄清楚的问题，他们的舅舅和姨母就更不知道是谁了。历史是一张大大的渔网，只有有足够分量的人和事才能够挂在网上。吕氏兄弟的父族本支，擅长一脉单传，前几代都人丁不旺，到吕蕡这一代才兄弟两个，姐妹想必是有的，但族谱不载，数目不详，所以吕氏兄弟的表亲也就不清楚了，至于堂兄弟，除了因考古发掘知道他们叫吕大雅、吕大章、吕大圭，兄弟们之间情分如何，一起做过什么事，尚无可考资料。

在蓝田吕氏的时代，吕氏的河东长兴侍郎院、汲郡显德侍郎院并行于政坛，河东长兴侍郎院的吕公著和汲郡显德侍郎院的吕大防在政坛上有交集，坦率地说，吕大防之所以最终能够升任宰相，河东吕氏功不可没。

元祐元年（1086）二月，司马光升任左仆射，吕公著升任右仆射，二人同时拜相。从政治角度看，这意味着王安石的变法在最高层被否定。因为，如果说王安石是新党领袖的话，此时的司马光、吕公著就是旧党双雄。这一年，司马光六十八岁，吕公著六十九岁，二人都垂垂老矣，而且晚年的司马光健康状况不好。考虑到政治的延续性，建立可靠的第二梯队是非常重要的一步棋，于是吕公著就向司马光推荐了吕大防和范纯仁。为什么吕公著只能推荐而不能决策？因为左为尊，吕公著是副手。司马光在斟酌决策时，把吕公著的儿子荥阳公吕希哲召来询问："范纯仁作执政固好，吕大防是韩缜（应为'韩绛'）宣抚判官，相公何故却荐作执政？"吕希哲回答："相公且看即今从官，谁是胜得吕大防者？"司马光沉默良久，方说："是也，都不如吕大防。"①韩绛是新党大员，吕大防曾经是韩绛的得力下属，司马光理所当然会担心吕大防是新党人士。面对司马光的质疑，吕公著的儿子吕希哲反问道："谁是胜得吕大防者？"意思是说，此人是目前局势下的最优人选，没有第二个。吕大防客观、公正、自信、强大。司马光斟酌再三，认可吕公著父子无人胜过吕大防的论断。关键时刻关键人物的关键话语，让吕大防轻易迈入高层，并在司马光、吕公著之后顺利接班。

二、门户相当结婚姻

吕氏兄弟的婚姻都比较复杂。据现有材料，吕大忠的婚姻情况不详。

吕大防的第一任妻子姓李，第二任妻子姓安。吕大防活跃于政坛时，宋代高级官员委任自家亲戚为中级官职成风，吕大防也不例外。以直谏闻名的左谏议大夫刘安世曾经上书《论差除多执政亲戚》，点名批评文彦博、吕公著、吕大防、范纯仁等人。"宰相吕大防任中书侍郎日，堂除其女婿王谠京东排岸司，妻族李栝知洋州，李机知华州。"②宋代官员任命主要有三种形式。其一是皇帝直接指定，如两府（枢密院和政事堂）、侍从官等高级官员。其二是政事堂的堂除。其三是吏部的部注。"朝

---

① 〔宋〕李焘：《续资治通鉴长编》卷三百七十，文渊阁四库全书本。
② 〔宋〕刘安世：《尽言集》卷一，文渊阁四库全书本。

廷差除之法，大别有三：自两府而下至侍从官，悉禀圣旨，然后除授，此中书不敢专也；自卿监而下及已经进擢或寄禄至中散大夫者，皆由堂除，此吏部不敢预也；自朝议大夫而下受常调差遣者，皆归吏部，此中书不可侵也。法度之设，至详至密，所以防大臣之专恣，革小人之侥幸也。"① 由此可知，宋代官员的任命，讲究层级，分门别类，规矩鲜明，即所谓"至详至密，所以防大臣之专恣，革小人之侥幸也"。堂除是由宰相、执政官针对一些清紧繁剧的重要职任，除授适当人选。② 如此一来，堂除便成为宋代官场的绿色通道和快速通道，规避了吏部论资排辈、按部就班的升迁方式，加上"宋代统治者把堂除作为一种奖赏方式、一种驱策手段，使得士人羡慕、企望堂除。堂除的特殊待遇，给那些规避去基层任事者提供了可乘之机，宰执、重臣的子弟姻戚们，总是千方百计谋求堂除"③。制度在执行过程中总会慢慢出现漏洞，堂除也是这样。从刘安世的统计数据看，几乎所有的宰执、重臣都在利用堂除为自家子弟与姻亲谋取职务。这种事情总会让人愤懑与不满。吕大防的女婿与姻亲是否称职，是否为忠心做事的干员，刘安世不关注，读者也不会感兴趣。内举不避亲，在历史传说中是美谈，但若在现实中蔚然成风，那绝对不会给人以任何美感。王说的父亲也是朝廷官员，其才华为苏轼所认可，"以文学议论有闻于世"④，但这事儿一旦裹挟到"差除多执政亲戚"的潮流之中便不免引起时人的愤慨。人以群分，人们认知与处理人事时也多是如此。因此说，对于现代人而言，吕大防的这段材料的最大价值是可以借此确认吕大防的一位妻子姓李，他的一个女儿嫁给了王说。吕大防的另一位妻子安氏是长安人，与安师文是同族。据米芾的《宝章待

---

① 〔宋〕李焘：《续资治通鉴长编》卷三百七十，文渊阁四库全书本。
② 邓小南：《略谈宋代的"堂除"》，《史学月刊》1990年第4期。
③ 邓小南：《略谈宋代的"堂除"》，《史学月刊》1990年第4期。
④ 苏轼：《苏轼文集》，孔凡礼点校，中华书局，1986年。

访录》记载，他曾经鉴赏过安师文收藏的颜真卿《争坐位帖》的真迹。安师文本人的书法技艺也相当高明，甘肃省华亭县博物馆藏有北宋时期的石碑《宋故清河张君墓志铭并序》。这块宋碑的书丹者安师文参与了吕大忠发起的西安碑林的始建，并将颜真卿《与郭仆射书》（《争坐位帖》）行草书刻于石上，流传于世。根据安师文的情况推断，安家是书香门第，与吕家门户相当。

吕大钧的两位夫人，按先后次序是马氏与种氏。马氏的事情已经无从考证。吕大钧去世时，种氏为其治丧，一切程序与仪式如吕大钧生前提倡和践行的那样。所以，同时代和后代的儒家学者都非常佩服吕大钧，认为他在道学的实践上确实做到了修身、齐家。另外，这也表明种氏能够识文断字、明辨事理，应当出身于仕宦之家。至于是不是赫赫有名的北宋将门种氏家族，资料所限，不敢妄测。但我们看吕氏兄弟的从政履历时会发现，他们大都对军事有着高明的见解，并深度参与了北宋的边防军事活动。

与他的哥哥们一样，吕大临也娶过两任妻子：张戬的女儿和陈安仁的女儿。张戬是张载的亲弟弟，和吕大忠同年登第。诸位可能还有印象，再过四年吕大钧与张载同时登第，而且吕大钧还拜张载为师，学习道学。吕大忠、吕大临后来也都拜入张载门下。这么严肃地回忆这么半天，其实是要说明一件事：吕大临娶了他老师的亲侄女，而且是在拜师求道之后。"大临既学于先生之门，继又受室于张氏。"[①] 这书读得，真是让我不得不重复宋真宗的名言："书中自有颜如玉。"别人家是丈母娘看女婿，越看越满意。张戬家是老丈人看女婿，越看越满意，"吾得颜回

---

① 〔宋〕吕大临：《宋故清河县君张氏夫人墓志铭（有序）》，载陕西省社会科学院、陕西省文物局编：《陕西碑石精华》，三秦出版社，2006年，第213页。这里的"张氏夫人"是张载兄弟的亲大姐。

为婿矣"①。"孔门四科"中的德行科，颜回排第一。儒学发展到宋明理学阶段，学者们建构出的人生最高境界就是"孔颜乐处"。这个满意度，在宋代儒家文化的体系中，已经达到高峰了。再往上就只剩下"吾得孔丘为婿矣"，但这话没人敢说啊。哪怕张戬的亲哥哥总在要求自己和自己的学生求道，躬行以圣人为榜样，也不敢说这句话。所以，对于张戬而言，吕大临是张家很满意的女婿。吕大临的第二位夫人，是陈安仁的长女。陈家也是仕宦世家，陈安仁本人以荫补入仕，后来厕身高级官员行列。

三、道之所存，师之所存

> 生乎吾前，其闻道也固先乎吾，吾从而师之；生乎吾后，其闻道也亦先乎吾，吾从而师之。吾师道也，夫庸知其年之先后生于吾乎？是故无贵无贱，无长无少，道之所存，师之所存也。②

吕氏兄弟除吕大防外，均先拜师张载，张载去世后又拜入二程门下。吕大防出仕甚早，在仕途上成就又大，张载和二程仕途的后半程都得力于吕大防的举荐，他们之间更多的是朋友关系。

在儒学传习史上，吕大钧拜师张载堪称传奇，史称"一言而契，往执弟子礼问焉"③。这样一见钟情的事情，发生在爱情领域足够传唱千年。在思想领域，这样的事情多发生在高德大僧的身上，比如《景德传灯录》中就有不少"一言而契"的记载，而儒学者中并不多见。

张载求道悟道的过程非常曲折。他年轻时，喜好兵事。这倒可以理解。

---

① 陈俊民：《蓝田吕氏遗著辑校》，中华书局，1993年，第617页。
② 〔唐〕韩愈：《韩昌黎集》第三册，商务印书馆，民国22年（1933）。
③ 陈俊民：《蓝田吕氏遗著辑校》，中华书局，1993年，第616页。

北宋的陕西路其实就是边疆，战争更是时有发生。张载年轻时，是个热血行动派。他曾经联络志士准备直接上战场，以夺取被西夏刚刚攻占的洮西之地，并上书给当时负责陕西防务的大臣范仲淹。范仲淹见到张载之后，认为他是"远器"，不但不让他上战场，还警示他说："儒者自有名教可乐，何事于兵。"①并劝他读《中庸》，求取儒家大道。少年张载就这样被范仲淹扭转了人生的方向。当然，范仲淹不可能如此准确地预测到，儒学在宋代开出道学新境界，张载是关键人物。他只是爱才、惜才，愿意育才。范仲淹在儒学存亡续断的阶段点燃了一枚极富人格魅力、极具感染力的火种。

张载听从范仲淹的教诲，从兵学回到儒学，寻找体验名教之乐，努力研读《中庸》。然而，没有用。儒学史上开宗立派的大儒、后来的关学始祖张载，读罢《中庸》，收获不大，就改读"释老之书"②去了。学术史上，这样的事情很多。王阳明依照朱子垂训，格竹七日，收获大病一场。王国维苦读康德的著述，后来回忆说，他根本就不知道康先生在说什么，还好读叔本华的书后开悟了，再看康德的著述也能明白了。在读书这件事情上，别人的康庄大道可能恰恰是你的坑。

回过头来我们继续看张载读书。儒学大家跑去读"释老之书"，对了，在当时还不能说儒学大家，只能说被儒学名臣寄予厚望的年轻儒生张载改读"释老之书"了，这画面太不和谐了。如果张载是和尚，暮鼓晨钟，诵读佛书，我认为很和谐。可惜，他不是。如果他是道士，诵读《道德经》《南华真经》，我认为也很和谐。可惜，他还不是。如果你是范仲淹，或者你是他的老师，面对读"释老之书"的张载，"累年尽究其说"③，你会怎么想？

---

① 〔元〕脱脱等撰：《宋史》卷四百二十七，中华书局，2000年。
② 陈俊民：《蓝田吕氏遗著辑校》，中华书局，1993年，第587页。
③ 陈俊民：《蓝田吕氏遗著辑校》，中华书局，1993年，第587页。

就这么经年累月地在别人家的园子里耕种，张载终于收获到他学术研究中最有价值的感悟——"知无所得"[1]。无论别人如何，我在这里是挖不到金矿了。这地方对于我来说就是浪费时间。一次有价值的错误胜过一百次没有价值的成功，在追求真理的道路上尤其如此。张载为了追求大道，决定再换一个领域试试。这一次，他的目标是"六经"——儒家的基础典籍。人人都读的书，未必人人都能有收获。要在儒生们读了千年的典籍里找到大道，这难度挺高，而且，庄子老早就否定了儒生们这种从先圣言辞中求道的活动。实践证明，庄子的话有效期没有我们想象的那么长。读"六经"时，张载开悟了。"吾道自足"的话，就是张载读"六经"读出来的。不得不说，读书这件事如同婚姻，得气质、禀赋相投才行。气质、禀赋相投时，就能激发出思想的火花；不相投时，就是小和尚念经——有口无心，"两脚书橱"就是这么来的。

张载得道，吕大钧率先拜入其门下，然后哥哥、弟弟也都拜入张载门下。吕大钧与张载是同年进士，吕大忠要比他们早四年，吕大临比他们晚四年。在追求道的问题上，不讲长幼，不论贵贱，达者为师。

吕大钧年轻时，"赡学洽闻，无所不该"[2]，摊子铺得很大。人的精力是有限的，如果把有限的精力投入到无限的知识海洋之中，要么迷失航向，要么累个半死。从古至今，"赡学洽闻"在治学方面的危害，一直都是理论上我们很清楚，实际上我们很无奈（束手无策）。可以想象，吕大钧的治学之路要一直这么下去，就危险了。还好，他拜张载为师，张载对这种情况有丰富的体验，处理起来非常老练。他对吕大钧说："学不造约，虽劳而艰于进德。"[3] 学问这种事，如果不懂得简约，那么尽情劳作吧，你是不会有收获的。吕大钧当时听了有什么反应？没有记录。

---

[1] 陈俊民：《蓝田吕氏遗著辑校》，中华书局，1993年，第587页。

[2] 陈俊民：《蓝田吕氏遗著辑校》，中华书局，1993年，第622页。

[3] 陈俊民：《蓝田吕氏遗著辑校》，中华书局，1993年，第612页。

不过依照他读书的丰富程度,张载这话的意思,他应该早就读到过。比如:为学日益,为道日损;惟精惟一;等等。所以,如果仅仅停留在这里的话,只能说是张载起到了提点作用,关键是如何简约。用现在的话来说就是,消化已有知识的方法论是什么?简约到最后的知识(智慧)是什么?这么重要的事情,张载并没有让吕大钧等太长时间。"君勉之当自悟。"[1]贴心贴肺的六字箴言。翻译成现代汉语大概意思就是:你得自己努力,自己琢磨、领悟。如果是你的话,你会怎么想?难道我拜的是假老师?凡是这样想的,都是普通人,都不会考虑在进德修身这类事情上拜师,也不会把自己的生活方式与大道联系起来。但吕大钧一家不是普通人,从祖上好多代开始就不是普通人。从唐代开始,他们家就是仕宦之家,虽然中间有走背字儿的时候,有无论如何努力也没有回报的时候,但是他们一直拥有一种站在更高的台阶上思考更长远的问题的意识与追求,并演变成一种内置于家族的能力与家风。这种能力在当时叫做"君子尊德性而道问学"(语见《中庸》)。现在,这种能力叫战略性思维,即如何让你的思想与行为跨越历史时空,普遍有效。这事儿并不是什么不传之秘,只是能坚持做,并尽力做好,确实很难。这里面最大的秘密就藏在张载的"君勉之当自悟"六字箴言中。如果把这六字箴言简略成一个字的话,我认为是"自"字。学习的事儿,意识到自心所出的智慧与知识才是自己的,才算在态度和境界上找到了可以依靠的起跑线。法国哲学家笛卡儿为求知识至绝对可靠的基础,反复推演,终以"我思故我在"这一命题为知识之起点。其间逻辑与张载的六字箴言颇有合拍之处。"不要让孩子输在起跑线上",这一句话吓坏了多少家长,可是,如果根本就不知道真正的起跑线在哪里的话,恐怕就不用再考虑输赢问题了。

张载为弟子指出的真正的方向和真正的方法,猛一看是如此的不靠

---

[1] 陈俊民:《蓝田吕氏遗著辑校》,中华书局,1993年,第612页。

谱、不负责任，但从教育的本质——教会学生学习——的角度看，确实指点到位了。对吕大钧而言，它具有醍醐灌顶一般的效果："至是博而以约，涣然冰释矣。"[①] 儒家教育自孔子起就讲究因材施教，主张"不愤不启，不悱不发"，张载在这方面可谓得孔子之精髓。不过，对于普通人来说，这种指点会让很多的家长看完之后觉得再也不能把孩子送到张载那里了。所以，我们是普通人，而他们却做了圣贤。

修身、齐家、治国、平天下，是儒门学问的标准进路。无论哪家哪派，具体意见如何歧异，道德哲学与政治哲学总是其一体之两翼，缺一不可。张载的道学自然不会例外。所以，张载教授学生的就不仅仅是生活中的礼仪与准则，还有政治的至高追求与原则、方法。这里面，就少不了评判时政。当时是王安石主政。张载在《与吕和叔书》中对王安石变法措施评议说："夷吾变法，不欲矫时君耳目，不循王制，未免狂谋无法。又启此端，恐于时事非宜，可一用《周礼》。文一无文字饬今制而用，不识谓之如何？但此二端之弊，不得使谋者前闻耳。"[②] 张载以管仲变法为参照，直言其"恐于时事非宜"，毫不避讳对王安石新政的不满。张载与王安石，都是儒家学问在当时的阐发者和创新者，但在政治理念上确实不是一路人。基于理念差异的政治诉求在实际的政治生活中如何相处？是求同存异共谋百姓之福利、社会之发展，追求历史之进步，还是各执一词，攻乎异端？这是北宋历史兴衰变化提出的一个极其重要的政治学问题。但从靖康之变的结果看，双方的答卷都不能令历史满意。

吕大忠，吕氏兄弟中的老大何时拜入张载门下不可考，只是根据二程对他的评价知道他跟张载学习过。

吕大临，吕氏兄弟中的老五，拜入张载门下的时间可能在熙宁元年（1068）或者更早一点。那时候，他已经进士及第了。"近得伏见门墙，

---

① 陈俊民：《蓝田吕氏遗著辑校》，中华书局，1993年，第622页。
② 《永乐大典残卷》卷八千四百十四。

累日侍坐，虽君子爱人无隐，赐教谆谆，然以不敏之资，祈进大学，恐不克奉承，以负师训。拜违而来，夙夜兢惧。属盘桓盘雍，华旦初始，还敝邑逾月之久，不获上问，当在矜照。"①这是吕大临初入张门时心态的自画像。张载教学生掏心掏肺，不隐不瞒，吕大临勤勉好学，念念在兹，唯恐学习体悟跟不上老师的期望。在吕大临从学张载一段时间后，张载认为吕大临学习态度端正，学习能力强："今之学者大率为应举坏之，入仕则事官业，无暇及此。由此观之，则吕、范过人远矣。吕与叔资美，但向学差缓，惜乎求思也褊，求思虽犹似褊隘，然褊不害于明。"②张载认为当时的科举制度对于学者修习道学并无帮助，甚至是南辕北辙（"为应举坏之"），一旦通过科举踏上仕途，则以"官业"为人生之最大追求，没有时间去修习道学。这里面既有张载对于同时代儒学学者的观察，也有自己的切身体验，更有他的忧虑与雄心。以这个为标准，他认为自己的学生里吕大临和范育两人在求道学道的方向选择上远超常人。这二人都自觉地放弃了做官的事业追求，专注于道学修习与研究。尤其是吕大临，张载特意点出吕大临资质很好，只是思考问题爱钻牛角尖，但钻牛角尖这种天赋本身并不影响他学习领悟道学。害怕别人不理解爱钻牛角尖无害于求学问道，张载接下来还就气质与人格之间的关系做了一番论述，证明各种禀赋、气质、天性都可以在道学的学习中发挥作用，殊途同归。英国当代思想史家伯林在《刺猬与狐狸》一书中将西方思想家和作家分为刺猬型和狐狸型两类。狐狸型的学者为百科全书型，无所不知，无所不包，观察入微，机巧四迸，然而大多数人思想散漫，缺乏深度；刺猬型的学者思想中则有一中心主轴，建有一整套观念体系，有自己的理论框架，绵厚精深。简言之，刺猬型的学者有强大的钻牛角

---

① 曾枣庄、刘琳主编：《全宋文》第110册，上海辞书出版社、安徽教育出版社，2006年，第153—154页。

② 〔宋〕张载：《张载集》，章锡琛点校，中华书局，1978年。

尖的能力。从这种分类看，吕大临倒是挺适合成为一位道学的研究者与探索者。事实上，张载也对吕大临寄予厚望。吕大临的信中已经体现出了这一点，自不待言。吕大临娶张载侄女为妻，也说明了张载对吕大临继承其衣钵的期待。吕大临果然没有辜负张载的期望，专心研究儒家学问，寻求儒家精义，著书立说，成就斐然。这些事情，我们留到专门介绍吕大临的章节中详细说。张载去世后，吕大临撰写的《横渠先生行状》被收入《张载集》。

吕大临在《横渠先生行状》里主要做了一件事：评定张载在中华儒学史、文明史上的历史价值与历史地位。"其自得之者，穷神化，一天人，立大本，斥异学，自孟子以来，未之有也。尝谓门人曰：'吾学既得于心，则修其辞命，辞无差，然后断事，断事无失，吾乃沛然。精义入神者，豫而已矣。'"[①] "言必行，行必果""为往圣继绝学"，张载是也。吕大临把张载类比为孟子。"吾学既得于心，则修其辞命，辞无差，然后断事，断事无失，吾乃沛然。"这句话里，思、辞、事三位一体，道尽一切哲学的真意，极富历史穿透力。熟悉宋代儒学的人会发现，宋儒非常明确地把这种状态视为儒学修养的至高境界。

名实相符，师生相契。张载逝世后，吕氏兄弟全都转入二程门下。张载去世前，与二程交往甚多。那时候，吕氏兄弟与二程之间已有交往。

吕大忠入仕比二程早四年，而且一直以仕宦为业，不像吕大钧和吕大临那样把主要心思放在道学上，所以他的学问不如两位弟弟那么出众。他在二程眼中最大的优点是"老而好学"。

> 吕进伯老而好学，理会直是到底。正叔谓："老喜学者尤可爱。人少壮则自当勉，至于老矣，志力须倦，又虑学之不能及，又年数之不多。不曰'朝闻道夕死可矣'乎？学不多，年数之

---

① 陈俊民：《蓝田吕氏遗著辑校》，中华书局，1993年，第588页。

不足,不犹愈于终不闻乎?"①

吕进伯,就是吕大忠。程颐,字正叔,二程中的老二。吕家老大无论是做官的天分还是做学问的决心都不如他的弟弟们,但他在学问之路上有着"不抛弃、不放弃"的韧性,程颐褒扬他说"老喜学者尤可爱"。可以说,吕大忠实践的是终身学习这个理念。吕大忠年老时,所忧虑与操心的只是生命已经快到尽头而学问仍需磨砺,最害怕的事情是没有领悟儒家大道就去世了。或许有人会说,这是儒家的传统啊,"朝闻道夕死可矣"。虽然孔圣人一直提倡终身学习,但是除了颜回,身边的弟子里能做到的似乎也不多。张载发现大多数儒生一踏入仕途就不再学习了。所以,我们就能够想象二程发现了吕大忠这位官场中的爱学习的老头儿时是多么兴奋——终于可以找个榜样鼓励一下年轻人了。

吕大忠与二程的交往,有具体时间可考的事情并不多,最集中的材料是保存在《二程集》中的程颐写给吕大忠的三封信。

> 相别累年,区区企渴之深,言不尽意。按部往来,想亦劳止。秦人疮瘵未复,而偶此旱暵,赖贤使者措置,受赐何涯!儒者逢时,生灵之幸。勉成休功,乃所愿望。颐备员于此,夙夜自竭,未见其补,时望赐书,开谕不逮。与叔每过从,至慰至幸。引素门墙,坐驰神爽。所欲道者,非面不尽。惟千万自爱。

> 别纸见谕,持法为要,其来已久矣。既为今日官,当于今日事中,图所设施。旧法之拘,不得有为者,举世皆是也。以颐观之,苟迁就于法中,所可为者尚多。先兄明道之为邑,及民之事多。众人所谓法所拘者,然为之未尝大戾于法,众亦不甚骇。谓之得伸其志则不可,求小补,则过今之为政者远矣。人虽异之,不至指为狂也。至谓之狂,则大骇矣。尽诚为之,不容而后去,又何嫌乎?鄙见如此,进伯以为如何?

---

① 〔宋〕程颢、〔宋〕程颐:《二程集》,中华书局,1981年。

荷公知遇之厚，辄有少见，上补聪明；亦久怀愤郁，无所控告，遇公而伸尔。王者父天母地，昭事之道，当极严恭。汉武远祀地祇于汾脽，既为非礼。后世复建祠宇，其失已甚。因唐妖人作《韦安道传》，遂为塑像以配食，诬渎天地。天下之妄，天下之恶，有大于此者乎？公为使者，此而不正，将正何事？愿以其像投之河流。慎勿先露，先露则传骇观听矣。勿请勿议，必见沮矣。毋虞后患，典宪不能相及，亦可料也。愿公勿疑。①

这三封信写于什么时候？具体时间已经不可考。哲学家辑录书信时倾向于证实某事是否发生过，而对何时发生并无太大兴趣，这大概与他们思考问题时习惯使用大尺度的时间有关系。比如，儒家学者一张口就是上古三代。我们读这三封信时，能感觉到它们不是一时一地之作，每封信的事件都不一样。程颐在信中或表达自己与吕氏兄弟的深厚之谊，或以自己兄长为官经验为引讨论执法之尺度，或以历史为鉴申明处置之方，语言谦和，不像是师长教育弟子，倒像是朋友之间相互交流。这可能与这两个因素有关：其一，吕大忠年长于程颐；其二，吕大忠的官职高于程颐。从这些资料推测，吕大忠与程颐之间的师生关系并不严格，他们之间的情分朋友多过师生。

1074年吕蕡去世，1077年张载去世，1080年吕大钧去世。吕蕡去世前，吕大钧就已经回到蓝田陪伴在他左右，吕蕡去世后，吕大钧守孝三年。1074年后，吕大钧生活的重心是在家乡研究学问、教书育人、推行张载思想。元丰三年（1080）程颐入关中讲学时，吕大钧曾向其问学。这时候，吕大钧在蓝田推行《乡约》已经产生了很大影响。后来，程颐评价吕大钧"和叔任道，风力甚劲"，缘由便在于此。但就实践而言，二程更加偏好纯粹的理论构造，所以，紧接着程颐就说："而深潜缜密，

---

① 〔宋〕程颢、〔宋〕程颐：《二程集》，中华书局，1981年。

则于与叔不逮。"① 在程颐看来，吕大钧的学问深度和缜密程度，都比不上吕大临。程颐的看法有自己的依据，比如根据我们现在能看到的吕氏兄弟的著作，吕大临最能写，而且擅长注解儒家经典。要是仅从书面学问的角度看，吕大临在吕氏兄弟中是毫无争议的学问家。

张载去世后，吕氏兄弟中真正东行洛阳，聆听二程教导的，只有吕大临一个人。

面对吕大临，二程是痛并快乐着。快乐的意思是说，二程教起吕大临来太舒服了。吕大临理解力强，又是发自内心地爱做学问，举一反三这种事情对吕大临来说是家常便饭。现代教育家认为主动的、探究性的学习是优秀学生的最高技能，在吕大临这里，只是他的学习习惯。在张载门下时，张载已经发现了这一点，"惜乎求思也褊，求思虽犹似褊隘，然褊不害于明"。故而，张戬视吕大临为当世之颜回，未尝没有这方面的因素在里面。这样的做学问苗子，老师最喜欢。痛的意思是说，二程在教学中发现，如果他们教的东西张载教过，那么这一段就不用教了，因为不管你如何努力、如何耐心地教，吕大临总会告诉你一句话：张先生说的是对的。他只批判性地接受张载没有教过的。

《宋史》记载吕大临的这一段求学经历时说："学于程颐，与谢良佐、游酢、杨时在程门，号'四先生'。通'六经'，尤邃于《礼》。"②吕大临被视为程门四大弟子之一。1092年，吕大临去世。两年后，程颐整理旧时笔记，看到他1080年去关中讲学，因路上丢钱一事与吕大临的交流，还"思与叔不幸而早死，为之陨涕"③。吕氏兄弟中做学问最有可能做出大成就的就是吕大临，可惜去世太早。这是以道学（理学）家的标准来要求吕大临，如果以现代学问的标准来看的话，吕大临可谓

---

① 〔宋〕程颢、〔宋〕程颐：《二程集》，中华书局，1981年。
② 〔元〕脱脱等撰：《宋史》卷三百四十，中华书局，2000年。
③ 〔宋〕程颢、〔宋〕程颐：《二程集》，中华书局，1981年。

是著作等身，并且在多个领域都有开创性的成就，是个非常优秀的学者。

"别裁伪体亲风雅，转益多师是汝师。"（杜甫《戏为六绝句》）吕氏兄弟似乎并无固守门户的意思，当然，如果拜入一个与本门理念、思想背道而驰的门派估计是不行的，不过张载与二程惺惺相惜，这成就了一段佳话。"道之所存，帅之所存也"，不再只是韩愈的纸上的理想，而是吕氏兄弟的现实。这是文化传承最美好的境界。

四、吕大防与张载、二程的交往

在吕氏四兄弟中，吕大钧与张载、二程主要是同路人的关系。张载和二程学问大成之后，吕大防把他们先后举荐给朝廷。熙宁十年（1077）三月，吕大防推荐张载，皇上召张载归馆供职。同年七月，张载辞职，十二月，张载卒于回乡路上的临潼馆舍。吕大临为张载撰写行状，吕大防为张载撰写墓表。南宋大儒朱熹认为"横渠墓表出于吕汲公，汲公虽尊横渠，然不讲其学而溺于释氏，故其言多依违两间，阴为佛老之地，盖非深知横渠者"[1]，指称吕大防并不讲习张载的学问而沉溺于佛学，并非张载的知音。朱熹的指责完全建立在道学中心论的基础上，如果我们换个角度，可能会对历史有一种更富人情味的理解。吕大防中第比张载早八年，而且吕氏兄弟中，吕大临从开蒙到考科举，前期的教育全是吕大防在负责，吕大钧和吕大观的情况，限于资料，无法断言，但按常理推测，吕大防应当也倾注不少心血。吕大防这位哥哥，在吕氏兄弟的求学之路上扮演着导师的角色。那么，在吕氏兄弟中其他几位都已服膺张载学说的情况下，无论是从家族的发展出发，还是就人情物理而言，吕大防在学问上保持自己的独立性，是理所当然的事情。吕大防为张载所撰的墓表，已经消失在历史的长河之中，吕大防在张载的墓表中流露

---

[1] 〔宋〕朱熹：《晦庵先生朱文公文集》卷三十五，文渊阁四库全书本。

出的释氏思想究竟是什么样的，我们也无从知晓，但从为张载撰写墓表这件事本身，我们还是能够感受到吕大防对张载的欣赏和理解。

由于张载与二程之间既是亲戚又是学问上的同道，而吕家自吕大钧"一言而契"拜师张载后兄弟几个相继拜师，所以，吕家与二程之间的交集颇多。吕大防既然没有师事张载，自然也就不会师事二程。二程相对张载要年轻很多，而且自视甚高，说句揭老底的话，二程不怎么看得上张载。比如，张载反思自己时说："吾十五年学个恭而安不成。"这话传到二程那里时，他们什么反应？明道（程颢）曰："可知是学不成，有多少病在。"[①]反思对于人类而言是一种非常宝贵的能力，对于哲学家来说更为宝贵，哲学大厦或许就是由反思能力构造出来的。面对张载的反思，程颢的反应并不厚道。更不厚道的事，在《上蔡语录》中还有，比如程门对张载学问的整体评价："横渠教人以礼为先，大要欲得正容谨节，其意谓世人汗漫无守，便当以礼为地教他，就上面做工夫。然其门人下稍头溺于刑名度数之间，行得来困无所见处，如吃木札相似，更没滋味，遂生厌倦。故其学无传之者。明道先生则不然，先使学者有知识，却从敬入。"[②]这话，我估计当年在程门学者里属于不让四吕知道的话，尤其是不会让吕大临知道。

二程与张载之间的关系明显地影响到二程与吕大防的关系。前文我们讲到，吕大防虽不师事张载，但很欣赏张载。

程颢曾经评价过吕大防。说起来，那是聊别人捎带着评价吕大防。

程颢有一次和弟子谢良佐聊天，讨论司马光的学问。"谢曰：（司马光）曾作《中庸解》，不晓处阙之。或语明道曰：阙甚处？曰：如强哉矫之类。明道笑曰：由自得里，将谓从天命之谓性处便阙却。吕微仲何如？谢子曰：他不合尚有贵贱相态在，不是。明道尝曰：宰相吕微仲

---

① 〔宋〕曾恬、〔宋〕胡安国：《上蔡语录》卷一，文渊阁四库全书本。
② 〔宋〕曾恬、〔宋〕胡安国：《上蔡语录》卷一，文渊阁四库全书本。

须做只是这汉俗。"①

程颢和谢良佐师徒二人议论司马光阐释《中庸》时的缺陷。谢良佐说这个人做学问不实诚，投机取巧，不懂的地方就略过去不谈。程颢考验自己的学生，问：都哪里略过了？谢良佐的回答没有抓住要点。程颢自己回答说：司马光在"天命之谓性处"便略去了。意为司马光无法理解《中庸》的根本思想。这倒是从学理上解释，并不是为反对而反对，为嘲讽而嘲讽。接下来话题就转移到吕大防了。为什么会这样？本书"同族扶持"那一节里讲，司马光做宰相时，吕大防是司马光的第二梯队。所以，程颢说"宰相吕微仲须做"并不能算大预言术。因此，对吕大防的评价，关键语句是"这汉俗"，简化成一个字，就是"俗"。这不是一个良善的评价词，程颢借这个词评价吕大防内在包含几层意思，他没说，我们也就不去猜测了。只是，在程颢眼里，天下的人物，哪个不俗呢？这或许是个无解的问题。

元丰八年（1085）正月初，宋神宗赵顼因西夏战事惨败，精神上受到沉重打击，身染重病。王珪等人劝赵顼尽早立储。于是，宋神宗六子赵佣，被改名为"煦"，立为太子。此时，宋神宗已经不能处理政务，由皇太后暂理。三月，年仅三十八岁的神宗赵顼驾崩。之后，九岁的赵煦继位，是为宋哲宗。哲宗即位后，司马光、吕公著向哲宗推荐程颐。他们在奏章中说："臣等窃见河南处士程颐，力学好古，家贫守节，言必忠信，动遵礼义，年逾五十，不求仕进，真儒者之高蹈，圣世之逸民。伏望特加召命，擢以不次，足以矜式士类，裨益风化。"②从奏章看出他们对程颐的期望值非常高。次年，哲宗改元元祐。二月，程颐应诏入京，受命为崇政殿说书，具体工作是教皇帝读书。这份工作就是后来的小说家们津津乐道的帝师。在小说中，帝师一般都能够成为朝廷重臣，

---

① 〔宋〕曾恬、〔宋〕胡安国：《上蔡语录》卷一，文渊阁四库全书本。
② 〔宋〕程颢、〔宋〕程颐：《二程集》，中华书局，1981年。

是一个非常有前途的职业。可是，程颐会向你证明，在职业这个问题上，不能以优劣论，只能以合适论。实践证明，他不适合做帝师。

在皇宫里，内臣和嫔妃听说大儒高士程颐要来上课，纷纷表示，程颐的课，我们要好好学。于是，程颐给皇帝上课时，后面一排排的小板凳上全是内臣和嫔妃，一个个还都自备纸笔，做课堂笔记。程颐讲究因材施教，责任心也很强。他按照中国高端政治教育的传统，对哲宗进行核心价值观培育：远佞人，亲贤臣，厚仁德。但是，万事就怕但是，程颐显然对皇帝这个学生的特殊性认识不足，更加要命的是，他无视旁听生的心理感受。于是，程颐讲课讲到佞人这个专题时，原本认真做笔记的内臣和嫔妃瞬间"黑脸"。为何？所谓佞人，巧言令色者是也。这一竿子就把后排坐小板凳的全打翻了，内臣嫔妃们吃的就是这碗饭啊。总之，程颐的课堂气氛就此无法和谐了。这事儿很快被吕大防和范纯仁知道了。吕大防听说后，担心程颐，就托人劝告他"今后且刻可伤触人"[①]。"刻可"的意思是不可，这句话正面劝谏程颐，过去的就算了，以后讲课注意不要因口舌之利伤人。范纯仁倒是洒脱，说只要没有指名道姓就没什么。二程成名甚早，本就骄傲。"天下英雄，唯使君与操耳"（语见《三国演义》），此语虽然后出，未必不能描摹二程的心态。所以，吕大防的话，没有起到什么作用。

事情并没完，帝师程颐养望数十年，终于抵达巅峰，要他谦逊着实太难。他据礼而守，占领价值高地，论人、论学直言不讳，引起一些人的反感，尤其是蜀党。蜀党并不能算一个正经的党派。它是以苏轼为首、以修习苏氏蜀学者为骨干、兼具学术与政治色彩的政治团体。程颐身后也有这么一批人，被称为"洛党"。个人之间的矛盾，最终演化为政治群体之间的尖锐冲突（洛蜀党争），真是一种传统政治的悲哀。更悲哀的是，在王安石的新党看来，洛党、蜀党统统都是旧党，都应该清扫到

---

① 〔宋〕程颢、〔宋〕程颐：《二程集》，中华书局，1981年。

历史的垃圾堆里去。

元祐二年（1087），孔文仲弹劾程颐。随即程颐被调整职务，新的职位是管勾西京国子监。西京，即洛阳，当时是陪都。就这样，程颐被驱逐出政治中心，沦落为边缘人士。元祐三年（1088），吕大防升任宰相。

吕大防任宰相期间，曾经赠送程颐百缣。当时，程颐的侄子在场，劝自己的叔叔说："勿为已甚，姑受之。"他觉得如果拒收，就太过分了。家人也在一旁劝解，搁一般人身上，就会应承下来，收下礼物。但程颐不是一般人，他搬出了一条非常强大的理由："公之所以遗某者，以某贫也。公位宰相，能进天下之贤，随才而任之，则天下受其赐也。何独某贫也？天下贫者亦众矣，公帛固多，恐公不能周也。"[①] 您是宰相，应以天下为己任，任用天下贤才，使贤才得到施展才能的空间，让天下人得到实惠；如果用自己的私财周济贤才，天下贤才这么多，您财帛再多也不够用啊。这句话里有大义，有私情，有公忠体国，有个人委屈，曲尽其妙。

元祐八年（1093）九月，宣仁太后去世，吕大防为山陵使，负责治丧事宜。当时朝廷准备授予程颐馆职，馆职在北宋是升迁的快速通道，但程颐拒不接受。吕大防试图劝说程颐接受馆职，以孔子为例来组织言辞："仲尼亦不如是。"程颐并不因吕大防搬出孔子而改变主意，他固守自己的态度，对吕大防说："公何言哉？某何人，而敢比仲尼？虽然，某学仲尼者，于仲尼之道，固不敢异。公以谓仲尼不如是，何也？"[②] 我怎么能和孔子相比呢？虽然我学习孔子，不敢背离孔子之道，可是你说孔子不会像我一样（不接受馆职的任命），典出何处啊？吕大防又以陈桓弑君孔子请讨为典故游说程颐，结果因为有客人来，对话被中断。之后，吕大防的女婿直言程颐拒绝朝廷授职太过分了，不合礼法，但程

---

① 〔宋〕程颢、〔宋〕程颐：《二程集》，中华书局，1981年。
② 〔宋〕程颢、〔宋〕程颐：《二程集》，中华书局，1981年。

颐反过来指出朝廷授他馆职不合礼,所以坚决不接受。后来,又有人问吕大防所引陈桓弑君一事时,程颐引经据典回答说,那时候孔子已经不做大夫了,吕大防说错了。

从现有的材料看,在吕大防与二程兄弟的交往中,吕大防一直非常欣赏二程,态度和行为也都比较友善,愿意在官场上向二程施以援手,二程则不怎么能看得上吕大防,对吕大防的橄榄枝和援手一般采取无视或拒斥的态度。双方是剃头挑子一头热,最终也走不到一条道上来。

五、吕大防与苏氏兄弟

宋时,蓝田四吕与"三苏"名声相当,他们生活在同一时期,都在宦海历练,按理说,交集应当很多,但史籍中能查到的关系主要集中在吕大防与苏轼、苏辙之间,这并不奇怪,因为四吕中只有吕大防与苏轼、苏辙曾经长时间在中枢机构共事。

宋人认为吕大防与苏轼、苏辙之间关系密切,密切到何种程度呢?你的对手比你的朋友更了解你,所以我们先看反面材料。

吕大防从宰相职位上被贬之后,新旧两党斗争已经达到白热化程度,新党此时占优势,于是发扬痛打落水狗精神,对吕大防的攻讦唾骂不绝于耳。

有人上表说苏辙阿附吕大防,"吕大防欲用侍御史杨畏为谏议大夫,要范纯仁同书名进拟。纯仁曰:'上新听政,谏官当求正人。畏倾邪,不可用。'大防素称畏敢言,且先密约畏助己,谓纯仁曰:'岂以畏尝言公耶?'苏辙时在旁,因诵畏弹文。纯仁曰:'纯仁初不知也,然除目不敢与闻。'遂因求避位。大防竟超迁畏为礼部侍郎。纯仁恐伤大防意，不复争"①。"苏辙时在旁，因诵畏弹文"——活脱脱的小人画像啊，而且还是舞台上画着丑角脸谱的那种。老话说，相骂无好言，相打无好拳。以此而论，贬低和污名化这种手段与时代和文化程度没有太大关系。

有人说吕大防和苏轼结党营私、作恶多端，"臣窃见前宰相吕大防天资强狠，怀邪迷国。尝与御史中丞苏轼阴相党附，同恶相济。伏愿陛下察究本末，出自睿断，特加施行，以明示朝廷好恶，判别忠邪，以正纲纪，然后朝廷尊而天下安，此国家先务，惟陛下留神采择"②。这次下手更狠，逻辑更清晰，层次更丰富。其一，吕大防心性恶劣，身怀邪术。这是从人品和能力两个方面断言吕大防从根子上就坏了。其二，吕大防与苏轼二人在小黑屋里有阴谋，两个恶人合流。这是从行动力和影响两个方面推定吕苏团伙是混入政府高层的恶势力。其三，皇上圣明。这是保证自己一方政治正确，并构建高级别的打恶同盟军。其四，如何除恶。"以正纲纪"这句话，一方面告诉皇上，我们是正义的一方；另一方面也在宣示，我们以法律为准绳，以道德为标准。这是从德和法两方面把吕苏团伙钉在历史的耻辱柱上。其五，此事在所有政务中的优先程度。"此国家先务"这句话的意思是，放在行政运作的逻辑里，这件事优先级最高。其六，办好此事的政治影响力。此事投入小、见效快、影响好，即"朝廷尊而天下安"。这是从执行难易度和效果两方面论证贬斥吕苏团伙的可行性与现实性。其七，权力归于皇上。"惟陛下留神采择"，再次表忠心，并隐藏一个后手，如果后世人认为吕大防、苏轼他们是冤枉的，那么责任在皇上。如此情况下，吕大防和苏轼的命运如何？大多数人都有耳闻，我们这里不再赘述。

---

① 〔宋〕杨仲良：《皇宋通鉴长编纪事本末》卷第一百零一，李之亮校点，黑龙江人民出版社，2006年。

② 〔宋〕杨仲良：《皇宋通鉴长编纪事本末》卷第一百零一，李之亮校点，黑龙江人民出版社，2006年。

上面两个对手提供的案例中，如果我们把污名化的词语去掉，就会看到，对手们的反面画像，可能有所夸大，但用来指认吕大防和苏轼、苏辙是一伙儿的，倒是绰绰有余。

那么，吕大防和苏轼、苏辙真是亲密的战友和伙伴吗？依靠正面材料确认这一点比较困难。

目前，能够正面描述吕大防和苏轼、苏辙之间关系的材料有三：其一是保存在苏轼、苏辙文集中的有关吕大防任命、加恩的制词。其二是吕大防与苏辙在官场的交往。其三是保存在其他书籍中的有关双方关系的趣闻逸事。

制词是程式化的公文，一般来说，这种文章不代表起草撰写者的意思，也不传递作者的情感。但是北宋时期，不乏因对某人的某项任命不满而拒绝撰写，或在行文中明扬实贬、暗寓讥讽的事例。苏轼、苏辙为吕大防所撰制词当然不会这样。

> 具官吕大防，擢自英祖，休有直声。被遇裕陵，愈彰忠力。入总文昌之辖，手疏磐错之烦。六事所瞻，倚以为重；三府之议，于焉取平。①

> 卿敦大直方，任重道远。擢贰西省，蔽自朕心。虽与闻政事，为日未久，而历试中外，勤劳百为，盖有年矣。德位惟允，人无间言。②

> 造道纯深，受才宏毅。果艺以达，有孔门三子之风；直大而方，得坤爻六二之动。久践右闼，蔚为名臣。③

以上是苏轼为吕大防撰写的制词。以下是苏辙为吕大防撰写的制词：

> 具官某，器宇博深，才智强敏。早遇英祖，亟闻直谅之言；

---

① 〔宋〕苏轼：《苏轼文集》，孔凡礼点校，中华书局，1986年。
② 〔宋〕苏轼：《苏轼文集》，孔凡礼点校，中华书局，1986年。
③ 〔宋〕苏轼：《苏轼文集》，孔凡礼点校，中华书局，1986年。

中事裕陵,不改忠诚之节。翱翔外服,所临有声。综辖中台,百务咸举。甚和而理,处剧不烦。①

太中大夫、守尚书左仆射兼门下侍郎、上柱国、汲郡开国公、食邑二千九百户、食实封六百户吕大防,笃实而文,宽厚而栗。在英祖时,纳忠不回,为名御史。在神考时,宣力不懈,为贤守臣。逮兹缵承,即与丞弼。既全付之钧轴,遂能任我栋梁。正颜色而诚意宣,出词气而忠邪辨。左右三载,咸义四方。民无烦苛,羌率旧职。稼穑茂遂,神人燕安。俾我厘事告成,旧章不坠。虽荷帝祉,时惟乃功。宜因赐胙之恩,遂行进律之典。增大国邑,衍食真封。畴尔茂勋,劝我多士。于戏!公尔忘私,非独得君,亦以获佑于帝;宽而有制,非独善始,亦以克要厥终。及兹休成,同底至道。可特授依前官职,加食邑一千户,食实封四百户,勋封如故。主者施行。②

从这些制词中我们看到,苏轼、苏辙对吕大防仕宦生涯中的得意之笔非常熟悉,对吕大防的才具、能力、性格褒扬有加,对吕大防的政治贡献颇有溢美之辞,字里行间流露出对吕大防的认可与推崇。

在对手的污名化的描述中,苏辙是吕大防较为得力的下属。实际上,在某件事情上的通力配合并不意味着双方的政治立场完全一致。比如,元祐五年(1090),双方政见的差异就达到了完全不同的程度,几乎在所有的大事上苏辙与吕大防都无法取得一致意见。如:在与王安石新党的关系上,吕大防主张"调停",缓和双方关系;苏辙则主张君子与小人势不两立。苏辙说:"臣近面论君子小人不可并处朝廷,窃观圣意,似不以臣言为非者。然天威咫尺,言词迫遽,有所不尽,退伏思念,若使邪正并进,皆得预闻国事,此治乱之几,而朝廷所以安危者也。臣误蒙圣恩,

---

① 〔宋〕苏辙:《栾城集》卷二十七,文渊阁四库全书本。
② 〔宋〕苏辙:《栾城集》卷三十三,文渊阁四库全书本。

典司邦宪。臣而不言,谁当救其失者。谨复稽之古今,考之圣贤之格言,莫不谓亲近君子,斥远小人,则人主尊荣,国家安乐。疏外君子,进任小人,则人主忧辱,国家危殆。此理之必然,非一人之私言也。"①并引用《周易》论证自己的观点绝对正确。这让我们看起来真是"不明白但觉得很厉害"。当然,在苏辙的意识中,自己是君子一方,并据此批评吕大防首鼠两端。在"西边事"和"黄河事"这两件关乎社稷存亡、民生疾苦的大事上,苏辙也与吕大防持不同意见,而且苏辙当时已经可以直接与宣仁太后对话,竭力推行自己的见解。根据记载,还大都成功。多年以后,苏辙回忆这段光辉的战斗生涯时说:"时吕微仲与刘莘老为左右相。微仲直而暗,莘老曲意事之,事皆决于微仲。惟进退士大夫,莘老阴窃其柄,微仲不悟也。辙居其间,迹危甚。莘老昔为中司,台中旧僚,多为之用,前后非意见攻。宣仁后觉之,莘老既以罪去,微仲知辙无他,有相安之意,然其为人则如故,天下事卒不能大有所正,至今愧之。"②在苏辙看来,吕大防"直而暗",耿直但不够聪明,就知道干事,不知道抓人事权,搞得自己夹在中间很危险。苏辙为了自保,做了什么举动?他不说,我们也不清楚。从"莘老既以罪去,微仲知辙无他,有相安之意"这几句看,苏辙应当是有小动作,不过吕大防不以为忤。苏辙以为经历了这些事之后,吕大防应该吃一堑长一智,有所进步,不料吕大防"为人则如故",错失把天下事完全扳回正途的良机,令人扼腕叹息。

元祐年间,苏轼的日子很不好过。他爱说话,说话时率性而为。

元祐元年(1086),司马光主政,全面否定王安石新法,苏轼站出来与司马光公开辩论。司马光宽宏大量,但司马光提拔的刘安世、刘挚这些大臣就此觉得苏轼是个"二五仔",怎么能替王安石说话呢?苏轼也挺委屈:我是从天下出发不是从一党一派的私利出发讨论问题啊。他

---

① 〔宋〕苏辙:《栾城后集》卷十三,文渊阁四库全书本。
② 〔宋〕苏辙:《栾城后集》卷十三,文渊阁四库全书本。

们不在一个频道上。实事求是，从事实出发，依道义而行，这些政治准则对于被党争迷惑双眼的人来说太难了。

同年秋天，司马光去世，程颐负责主持司马光的丧事。朝中大臣参加完朝廷明堂祀典后，准备到司马光府上祭奠。恪守古礼的程颐阻拦说："子于是日哭则不歌，岂可贺？赦才了却，往吊丧。"[1] 意思是，这样做不符合古制。那时候，凡事寻求圣人言行支持就是政治正确，只不过原话拿出来后，怎么阐释，各派大不相同。于是，当下就有人站出来说："孔子言哭则不歌，即不言歌则不哭。今已贺赦了却，当往吊丧，于礼无害。"[2] 意思是，没关系的，咱们去祭奠老先生也是合礼之行。按说这事儿这样就可以结束了。没承想，苏轼说了一句话——"此乃枉死市叔孙通所制礼也"[3]，这句话把程颐往死里得罪。这句话看上去也没什么啊，不就是把程颐比作叔孙通吗？叔孙通是秦汉鼎革之际的一位大儒，在秦朝和汉朝都做过官。刘邦建立汉帝国之初，君臣上朝议事、公务宴请，都没什么规矩，闹得朝堂和菜市场差不多，刘邦也很发愁。叔孙通就对刘邦说，儒家可以搞定这帮狂野的大臣。汉朝的礼制就是以此为契机由叔孙通建立起来的。从儒家文明延续与发展的角度看，叔孙通有功。所以，汉朝人把叔孙通视为儒宗。这样看，后世吃儒家这碗饭的都得感谢叔孙通。那么，把程颐比作叔孙通是好事啊。好事？若是好事的话就不会在叔孙通名字前加"枉死市"这个词修饰了。

在宋代，尤其是苏轼生活的时期，叔孙通声名狼藉。比如，司马光

---

[1] 〔宋〕杨仲良：《皇宋通鉴长编纪事本末》卷第一百零三，李之亮校点，黑龙江人民出版社，2006年。

[2] 〔宋〕杨仲良：《皇宋通鉴长编纪事本末》卷第一百零三，李之亮校点，黑龙江人民出版社，2006年。

[3] 〔宋〕杨仲良：《皇宋通鉴长编纪事本末》卷第一百零三，李之亮校点，黑龙江人民出版社，2006年。

就说：

> 叔孙生之为器小也！徒窃礼之糠粃，以依世、谐俗、取宠而已，遂使先王之礼沦没而不振，以迄于今，岂不痛甚矣哉！是以扬子讥之曰："昔者鲁有大臣，史失其名，曰：'何如其大也！'曰：'叔孙通欲制君臣之仪，召先生于鲁，所不能致者二人。'曰：'若是，则仲尼之开迹诸侯也非邪？'曰：'仲尼开迹，将以自用也。如委己而从人，虽有规矩、准绳，焉得而用之！'"善乎扬子之言也！夫大儒者，恶肯毁其规矩、准绳以趋一时之功哉！①

司马光认为叔孙通窃取礼之糟粕，抛弃礼之精华，搞得"先王之礼沦没而不振"。这句话的意思与道学家认为孟子之后儒学大坏需要自己出来接续孔孟道统的内涵差不多。可见对秦汉以来的儒学发展状况，宋代儒家的看法基本是一致的——先辈们搞得太糟糕了，让我们出来收拾残局吧。远交近攻，不仅是兵家和纵横家的看家本领，也是宋儒治学理政的基本方略啊。仅仅是学术上的否定，还倒没什么。关键的是，司马光认为，叔孙通这个人人品不行，"依世、谐俗、取宠"。人品不行，是很要命的指责。这种指责轻则把叔孙通划到小人行列，重则可以开除他的人籍。这样，我们就知道，在苏轼那个时代，谁要是把对方比作叔孙通，这和指着鼻子骂说对方不配做儒学研究、不配当儒生没有什么区别，更何况前面还有一个修饰词"枉死市"。在二程的记忆里，叔孙通前面的修饰词是"廒糟（读作：áo zāo）陂里"。这个复合词有两种断法。一是廒糟陂/里，以廒糟陂为汴京城外地名。元丰三年（1080）时，苏轼就给自己取号"廒糟陂里陶靖节"②。这个号颇有出淤泥而不染的意思，

---

① 〔宋〕司马光：《资治通鉴》卷十一，文渊阁四库全书本。
② 周正举：《苏轼自号"廒糟陂里陶靖节"》，《四川大学学报》（哲学社会科学版）1986年第2期。

用在自己身上可以，和陶渊明连在一起用更好。可是，用在别人身上，再和时人公认的小人叔孙通的名字连在一起，这杀伤力，只能说非常大。二是麤糟/陂里。"麤糟"这个词，用来表达对事或人的极度厌恶，并指认其为垃圾、烂人。"陂里"则被视为"鄙俚"。不管是哪一种情况，程颐都会觉得"心里苦"。

程颐门下的朱光庭、贾易等人，看到老师被苏轼如此羞辱，深为恩师不平，从此便把苏轼划到敌人的行列，逮着机会就攻击苏轼，没有机会创造机会也要攻击苏轼。

文人苏轼就这样把自己搞得里外不是人，中枢机关是待不下去了。元祐六年（1091）的一天，苏辙在议事间歇，向吕大防转达哥哥苏轼的致意，并表达苏轼想要去地方工作的意向，他们中意的地方是陈州和颍州。

于是，吕大防奏请苏轼出知颍州，后又改知扬州。苏轼主政地方期间，经常致信吕大防汇报请示工作，用词严肃谦恭，与趣闻中的苏轼言语简直就不像是同一个人说的。如："轼顿首上书门下仆射相公阁下。轼近上章，论浙西淫雨飓风之灾。伏蒙恩旨，使与监司诸人议所以为来岁之备者。谨已条上二事。轼才术浅短，御灾无策，但知叫号朝廷，乞宽减额米，截赐斛供。言狂计拙，死罪！死罪！"[①] 从这段话看，苏轼不但谙熟公文的套语与格式，而且在面对地方灾情时，积极努力向上级求援助要政策，是一位合格的地方官员。他请示的事情，吕大防很重视，在朝廷积极活动，完满解决。

元祐七年（1092），吕大临去世，苏轼在挽词中说："言中谋猷行中经，关西人物数清英。欲过叔度留终日，未识鲁山空此生。论议雕零三益友，功名分付二难兄。老来尚有忧时叹，此涕无从何处倾。"[②] 简

---

① 〔宋〕苏轼：《东坡全集》卷七十六，文渊阁四库全书本。
② 〔宋〕苏轼：《东坡全集》卷二十一，文渊阁四库全书本。

要陈述了吕大临一生的事业与价值,言辞真挚,议论切实。

这就是吕氏兄弟与苏氏兄弟在官面上的交往。他们之间有私下的不满,有庇护与协助,整体来看,算是同一战线的战友。

宋人记录的两则逸闻从私交方面塑造了苏轼与吕大防二者之间的亲密关系。

> 东坡善嘲谑,以吕微仲丰硕,每戏曰:"公真有大臣体,坤六二所谓直方大也。"后拜相,东坡当制,有云:"果艺以达,有孔门三子之风;直方而大,得坤爻六二之动。"①

从这则逸闻看,苏轼与吕大防很熟,熟到了可以拿对方的体形开玩笑的程度,而且还可以见一次说一次。下面这一则,更过分。

> 又尝谒微仲,值其昼寝,久之方见。便坐昌阳,盆畜一绿龟。坡指曰:"此易得耳。唐庄宗时有进六目龟者,敬新磨献口号云:'不要闹,不要闹,听取龟儿口号。六只眼儿睡一觉,抵别人三觉。'"微仲不悦。②

面对苏轼泥石流中的清流一般的比喻和影射,我觉得吕大防用"不悦"作为表情,真是对得起"宰相肚里能撑船"这句话。这个故事还有"肚子"更大的一个结尾。张端义《贵耳集》也收录了这件事,结尾句是"吕大笑"③。结合张端义的二度创作,我们发现,在宋代,这种名人逸闻,尤其是几十年甚至百余年后传播甚广的趣事,其可信度大概与从《红楼梦》里解读清宫秘史一样,姑妄言之,姑妄听之即可,实在是茶余饭后消磨时间的佳品。其意义,无非就是,他们都相信苏轼和吕大防是好朋友。

与这两则逸闻相比,邵博《闻见后录》中的记述可能更为靠谱一些。邵博是邵伯温的二儿子,邵伯温是邵雍的儿子。邵雍与司马光、吕公著、

---

① 〔宋〕胡仔:《苕溪渔隐丛话(后集)》卷二十六,人民文学出版社,1981年。
② 〔宋〕胡仔:《苕溪渔隐丛话(后集)》卷二十六,人民文学出版社,1981年。
③ 〔宋〕张端义:《贵耳集》卷上,文渊阁四库全书本。

韩维、二程都有深入的交往。邵伯温在家就接受邵雍的教育，在外面就向司马光这些人学习。司马光他们"屈名位辈行，与伯温为再世交，故所闻日博，而尤熟当世之务"[1]。邵博撰写《闻见后录》实在是家学渊源，其资料的可信度比上面的两则要高。

> 东坡了占人，但写陶渊明、杜子美、李太白、韩退之、柳子厚之诗。为南华写柳子厚《六祖大鉴禅师碑》，南华又欲写刘梦得碑，则辞之。吕微仲丞相作《法云秀和尚碑》，丞相意欲得东坡书石，不敢自言，委甥王说言之。东坡先索其稿谛观之，则曰："轼当书。"盖微仲之文自佳也。

苏黄米蔡，即苏轼、黄庭坚、米芾、蔡襄，被后世认为是最能代表宋代书法成就的书法家，苏轼的《黄州寒食诗帖》更是被称为"天下第二行书"。苏轼写字很挑内容，只写陶渊明、杜甫、李白、韩愈和柳宗元的诗，可以说是"非梧桐不止，非练实不食，非醴泉不饮"（《庄子·秋水》）。而且苏轼很惜墨，为南华寺书写柳宗元撰写的《六祖大鉴禅师碑》之后，南华寺又求他书写刘禹锡撰写的碑，就被他拒绝了。苏轼的这两个习惯，知道的人很多。所以，吕大防作《法云秀和尚碑》之后，想要苏轼来写，他自己不敢直接对苏轼说，就委托女婿王说去说。吕大防的面皮真薄。苏轼把吕大防的文稿要过去。这期间，我觉得吕大防心中一定是忐忑的，他不知道苏轼会不会写。"'轼当书。'盖微仲之文自佳也。"许多人会觉得苏轼放水了。看看前面的段落中苏轼的言行，你就会发现，苏轼是多么实事求是的一个人（和司马光顶撞），多么擅长嘲讽的一个人（在大庭广众之下将程颐比作叔孙通，毫不留情地嘲讽程颐）。这样的人，如果不是对面的那个人和文章与他的审美品位相配，请相信这个判断：你不会从他嘴里得到半个好字。文章写得连苏轼都要给好评点赞的吕大防，一生的文章都散佚了，实在令人惋惜。世上并不

---

[1] 〔元〕脱脱等撰：《宋史》卷四百三十三，中华书局，2000年。

是每一篇好文章、每一笔好字都会留下来。

六、对手

北宋以王安石变法为核心，朝臣分裂为新旧两党。司马光、吕大防、苏辙、苏轼均属旧党。两党纷争频繁。在漫长的党争中，双方渐由政治上的对手蜕变为全方位的敌人，相互之间的攻击力度也逐步升级。下面我们举其大略来看一看双方是如何斗争的。

宋神宗熙宁二年（1069），王安石拜相，开始变法，以富国强兵为宗旨。熙宁七年（1074），王安石罢相。一年后复拜相，时间不长王安石再次被罢。之后，韩绛、吴充、王珪、蔡确相继为相。吴充在职时，看到新法弊端，于是申请召回司马光，被王珪、蔡确联手打击，于元丰三年（1080）被贬谪。元丰五年（1082），蔡确拜右相。"确既相，屡兴罗织之狱，缙绅士大夫重足而立矣"①，蔡确对旧党实行严厉打击。元丰八年（1085），宋神宗去世，同年宋哲宗继位。元祐元年（1086），司马光、吕公著主政，废新法，黜新党，同年九月，司马光去世。元祐三年（1088），吕公著致仕，吕大防升任左相。吕大防任职期间，致力于调和新旧两党，未能成功。元祐八年（1093）九月，宣仁太后驾崩，吕大防任山陵使，随后被贬知颍昌府。哲宗亲政后起用章惇为左相，章惇是北宋为数不多的独相。1094年，哲宗改年号为绍圣，意为"绍述"（继承）神宗的新法。章惇执政期间，旧党遭到毁灭性打击。吕大防、苏轼、苏辙等大批元祐大臣被贬黜放逐，去世的司马光、吕公著等人被削官夺谥。章惇甚至还上书请求挖掘司马光、吕公著的坟，砍他们的棺材。好在哲宗没有答应。

章惇如此疯狂地打击旧党，一方面是其人格中确有暴戾的因子，另

---

① 〔元〕脱脱等撰：《宋史》卷四百七十一，中华书局，2000年。

一方面是他要报复旧党,为新党复仇。具体说,其诱因是吕大防任左相时,新党前左相蔡确因车盖亭诗案死亡一事。

"元祐中,确知安州,郡有静江卒当戍汉阳,确固不遣,处厚怒曰:尔在庙堂时数陷我,今比郡作守,犹尔邪。"[①]"确",即蔡确,在司马光之前任职左相,是新党中王安石去职之后举足轻重的人物。"处厚",全名吴处厚,蔡确拜相前曾经跟他学作赋,蔡确拜相后,吴处厚借力不成反屡遭蔡确驱逐。友谊的小船说翻就翻。这事儿放到谁身上都难受。现在机会来了,高高在上的前宰相被贬谪,吴处厚的心情简直可以用雀跃来形容。

吴处厚如何报复蔡确?诗的政治笺释。

中国古代官员被贬谪,在贬谪路上和贬谪地写诗遣怀、赋诗明志,是屈原以来的伟大传统,蔡确也不例外。安州有个文化名胜车盖亭,蔡确去了不少次,以车盖亭为题写了十首诗。这十首诗还被刻在碑上,准备留名后世。潜伏待机的吴处厚一下子扑了上去,采用鸡蛋里挑骨头的方法,让这十首诗成为蔡确的催命诗。他说:"朝廷念旧推恩,无负于确。然确昨谪安州,不自循省,包蓄怨心,实有负于朝廷,而朝廷不知也,故在安州时,作《夏中登车盖亭》绝句十篇,内五篇皆涉讥讪,而二篇讥讪尤甚,上及君亲,非所宜言,实大不恭。臣谨一一笺释,使义理明白,录粘投进。"[②]吴处厚写了一篇蔡确诗的政治笺释文章,上奏宣仁太后。这篇文章很长,其中的杀手锏是对"矫矫名臣郝甄山,忠言直节上元间"的阐释。这两句诗,一般人不会觉得有问题,蔡确也没觉得有问题,但吴处厚心中燃烧着复仇的怒火,他不是一般人,他发现了问题,一个大问题。"臣今笺释之:按,唐郝处俊封甄山公,上元初曾仕高宗。时高

---

① 〔元〕脱脱等撰:《宋史》卷四百七十一,中华书局,2000年。

② 〔宋〕杨仲良:《皇宋通鉴长编纪事本末》卷第一百零七,李之亮校点,黑龙江人民出版社,2006年。

宗多疾，欲逊位武后，处俊谏曰：'天子治阳道，后治阴德。然则帝与后犹日之与月，阴之与阳，各有所主，不相夺也。今陛下奈何欲身传位于后乎？天下者，高祖、太宗之天下，正应谨守宗庙，传之子孙，不宜持国与人，以丧厥家。'由是事沮。臣窃以太皇太后垂帘听政，尽用仁宗朝章献明肃皇太后故事，而主上奉事太母，莫非尽极孝道，太母保保圣躬，莫非尽极慈爱，不似前朝荒乱之政。而蔡确谪守安州，便怀怨恨，公肆讥谤，形于篇什。处今之世，思古之人。不思于他，而思处俊，此其意何也？"①"此其意何也？"吴处厚的反问句直指人心，说到了宣仁太后的心窝里，非常有力量。再加上梁焘、朱光庭、刘安世等人的跟进和添油加醋，高太后怒不可遏，交由朝中大臣商议如何处罚蔡确。时任右相的范纯仁发表反对意见："方今圣朝，宜务宽厚，不可以语言文字之间、暧昧不明之过诛窜大臣。今日举动，宜与将来为法式，此事甚不可开端也。"②这有两层意思。其一，不能因字里行间挖出来的意思、因暧昧难言的过错而处罚大臣。其二，这次的判例会成为后来者的样板。但是，暴怒中的宣仁太后根本不理会范纯仁的意见，下诏曰："蔡确责授英州别驾、新州安置，给递马发遣，沿路州军差承务郎以上官及量差人伴送前去。逐州交割如无承务郎以上，即差本州职官。"③新州在当时被朝廷视为死地。这道诏书其实就是一道死刑判决书，并打破了北宋朝争的下限。从此，北宋新旧党争就没有下限，恐惧时代来临。吕大防、范纯仁很清楚这样的判例对北宋政治环境的影响是什么，他们竭力挽回。

---

① 〔宋〕杨仲良：《皇宋通鉴长编纪事本末》卷第一百零七，李之亮校点，黑龙江人民出版社，2006年。

② 〔宋〕杨仲良：《皇宋通鉴长编纪事本末》卷第一百零七，李之亮校点，黑龙江人民出版社，2006年。

③ 〔宋〕杨仲良：《皇宋通鉴长编纪事本末》卷第一百零七，李之亮校点，黑龙江人民出版社，2006年。

诏书下达后，吕大防和刘挚以蔡确母亲年老，岭南路远，建议改迁他处，试图救回蔡确性命。但太后决心大到了"山可移，此州不可移"[①]的地步。范纯仁再次劝谏，"太后不听"。

王安石和司马光两党的争斗，到车盖亭诗案，斗争手段与方法已经完全偏离了政治传统与君子之争的轨道，虽然吕大防、范纯仁一直努力，想要把政治斗争拉回君子之争的轨道上，然而，并没有什么用。暴怒中的太后亲手把北宋放到了滑梯的顶端，并踹上一脚，开启了北宋的下滑之旅、灭亡之路。

小人物吴处厚，北宋的关键人物。

范纯仁劝谏失败后，出来对吕大防说了一句话："此路荆棘七八十年矣，奈何开之？吾侪政恐亦不免耳！"[②] 这句话精准地预言了他们的政治生涯会以什么方式收场。

章惇就是送他们上路的人。

绍圣四年（1097），吕大防卒于贬途。

建中靖国元年（1101），苏轼卒于遇赦北归途中。

崇宁元年（1102），对旧党的清算全面展开，无论生死，俱要处分，并延及后代。如"司马光、吕公著、王岩叟、朱光庭、孔平仲、孔文仲、吕大防、刘安世、刘挚、苏轼、梁焘、李周、范纯仁、范祖禹、汪衍、汤戫、李清臣、丰稷、邹浩、张舜民子弟并不得与在京差遣"[③]。

崇宁二年（1103），吕大防、苏轼、苏辙的名字共同出现在"元祐

[①] 〔宋〕杨仲良：《皇宋通鉴长编纪事本末》卷第一百零七，李之亮校点，黑龙江人民出版社，2006年。

[②] 〔宋〕杨仲良：《皇宋通鉴长编纪事本末》卷第一百零七，李之亮校点，黑龙江人民出版社，2006年。

[③] 〔宋〕杨仲良：《皇宋通鉴长编纪事本末》卷第一百二十一，李之亮校点，黑龙江人民出版社，2006年。

党人碑"的长串名单上，著作被禁，子孙不得叙用。

崇宁三年（1104）六月，宋徽宗下诏："重定元祐、元符党人及上书邪等者，合为一籍，通三百九人，刻石朝堂，余并出籍，自今毋得复弹奏。"①所谓的元祐党，包括"文臣曾任宰臣、执政官，司马光等二十七人；待制以上官，苏轼等四十九人；余官，秦观等一百七十六人；武臣，张巽等二十五人；内臣，梁惟简等二十九人"②。

崇宁四年（1105），五月解除对元祐党人父兄子弟之禁。九月，下诏元祐党人被贬谪者迁徙到近地，但不得到京城及其附近地区。

崇宁五年（1106），下诏叙用元祐党人。

靖康元年（1126），党禁解除。

靖康二年（1127）二月，北宋亡国。

清代王夫之撰《宋论》一书，检讨宋代政事，品评当年人物。面对新旧党争这一绵延几十年，以富国强兵为开端，以相互攻讦、相爱相杀为过程，以身败名裂、国族灭亡为终结的历史惨剧，他评价说：

> 章惇、苏轼党人交相指摘，文字之疵，诬为大逆，同文馆之狱兴，而毒流士类者不知纪极。君非襁褓之子，臣非拥兵擅土之雄，父子兄弟世相及而位早定，环九州以共戴一王，宗社固若盘石，孰为"无将"？孰为"不道"？藉怀不逞之心，抑又何求而以此为名，交相倾于不赦之罗网？曾欲诛逐小人，而计出于此，操心之险，贻害之深，谁得谓宋之有社稷臣哉！其君子，气而已矣。其小人，毒而已矣。气之与毒，相去几何？君子小人之相去，亦寻丈之闲而已矣。天下后世之欲为君子者，尚于此焉戒之哉！③

---

① 〔清〕毕沅：《续资治通鉴》卷八十九，文渊阁四库全书本。
② 〔清〕毕沅：《续资治通鉴》卷八十九，文渊阁四库全书本。
③ 〔清〕王夫之：《宋论》，舒士彦点校，中华书局，1964年。

吕大防从政的岁月，是北宋印刻在历史上的伟大人物最多的时代，也是中国传统文化创造力最强的时代。可是，一腔热血为社稷的图强求存，为何会演变成绞杀大战？伟大人物之间的异见，思想与思想之间的分歧，该如何相处，才是国家的长生久视之道？

直刚君子吕大忠

吕大忠，吕氏兄弟中的老大。去世于元符三年（1100）。元符是宋哲宗在位时的最后一个年号，他本人也死于元符三年。宋哲宗改年号为元符，是因为他收到了一份老天赐予的礼物，上面篆刻着"受命于天，既寿永昌"八个字。但这是一个复杂而伤感的故事，我们知道的只是冰山一角。

绍圣三年（1096）咸阳人段义在河南乡刘银村盖房子挖地基时挖到了一方古玉印，上面有八个字，拿回家后，玉印发出的光能够照亮房间，第二年，段义把玉印献给朝廷。哲宗命大臣鉴定这方古印，"翰林学士承旨蔡京及讲议官十三员"给出了一个集中了全体智慧的鉴定意见，这个鉴定意见很长，简要来说，可以归纳为两点：第一，这方玉印是秦印；第二，这方玉印"其玉乃蓝田之色，其篆与李斯小篆体合。饰以龙凤鸟鱼，乃虫书鸟迹之法……其文曰'受命于天，既寿永昌'"[1]。天哪！传国玉玺！这个故事中，最神奇的是，这方古玉印还会发光，而且亮度还挺高。当时在野的许多知识分子认为，这是一个骗局，可是在朝的人士坚持认为这是上天赐的，应当改元纪念。后面的事儿我们都知道了，改元为元符，然后不到三年，哲宗就去世了，享年二十四岁，再过二十七年北宋亡国。列位看官也看到了，是否受命于天我们姑且不论，但"既寿永昌"对哲宗和北宋来说确实是个大大的嘲讽。

---

[1] 〔元〕脱脱等撰：《宋史》卷一百五十四，中华书局，2000年。

闲话少叙，书归正传。吕大忠与哲宗皇帝同一年去世，他的出生年到现在为止，历史学者还无法确定。哥哥比弟弟大，知道了弟弟的出生年，可以推断哥哥大概出生于哪一年。吕大忠的弟弟吕大防出生于天圣五年（1027）六月，吕大忠的出生年诸位自行估算即可。吕大忠登进士第于皇祐五年（1053），这时候他的弟弟吕大防已经出仕四年了。从做官的角度看，与吕大防相比，吕大忠起步晚、进步慢，但与同时代的绝大多数读书人相比，他又的的确确是一个成功者。

一、初入职场：慢慢地被人超越

吕大忠在大宋官场的第一份工作是华阴尉。在县级行政中，县尉在县令之下，负责一县的治安工作。这个职位和主簿一样，是北宋进士们仕途的第一级平台。吕大忠1053年科举中第，1056年就升职为晋城令，除去中第后的等待时间，大约在华阴尉这个岗位上任职两年就升迁了，升职速度相当快。在县尉的职位上，吕大忠做得怎么样，我们已经不能详知了，但从晋升速度上看，政绩应该是相当出色的。晋城，自古为兵家必争之地。北宋太平兴国年间（976—984），宋师北伐北汉成功，隶属于泽州的晋城与其他九州一道被纳入北宋版图，泽州被赐名高平郡。至道三年（997），北宋划分全国为十五路，高平郡隶属河东路，下辖晋城、高平、阳城、陵川、端氏、沁水等六县，郡治为晋城。清代知县发牢骚说："前生不善，今生知县；前生作恶，知县附郭；恶贯满盈，附郭省城。"北宋时有没有类似的牢骚，不太清楚。郡治所在地的知县比郡治之外的知县多出许多额外的关系需要协调，多出更多的直接监督，实为常理。当时晋城的人们重武轻文，民风彪悍。晋城令是一个能够全面考察官员执政与平衡能力的岗位。在晋城令任上，吕大忠做了七年。1063年，吕大忠离任。离任后的吕大忠应是上调中央任职，这也是北宋培养官员的一个常用套路。吕大忠之后的晋城令，最有名的是程颢。程颢1065年出任晋城令。程颢在晋城令任上大兴教育，创办乡校七十余所，社学数十所，书院一所。后人称程颢所创书院为程颢书院。以治理而论，程颢以治本为第一要务，抓住了历史的痛点。而吕大忠的工作相对来说就乏善可陈，无甚亮点。检点之后的历史，我们会看到这段履历直接影响了他的进步速度。

熙宁元年（1068），北宋最重要的政治节点——王安石变法——拉开大幕。这个时候，吕大忠在干什么？大概是任著作佐郎。我们查到熙宁三年（1070）时他任著作佐郎，而在晋城令和著作佐郎之间没有台阶，一个从八品，一个正八品。所以，如果没有什么意外的话，他这时正在著作佐郎的职位上沉潜琢磨。著作佐郎是正八品的小官，在变法这件事情上基本没有发言权。

没有对比就没有伤害。程颢这位科举场上的后来者，总是和吕大忠前后脚到达同一个岗位，然后，轻松超越。晋城令岗位上，程颢成绩卓著，三年后被提拔为著作佐郎，在著作佐郎的职位上不到一年时间，因御史中丞吕公著的推荐，升任太子中允，从七品，并且低职高配为监察御史（权监察御史里行。官职低者任监察御史，加"里行"二字）。在吕大忠默默无闻于著作佐郎的岗位上时，程颢的名字已经上达朝廷。"帝素知其名，数召见。每将退，必曰：频求对，欲常常见卿。一日，从容咨访，报正午，始趋出庭中。中官曰：御史不知上未食乎？"[1]程颢与神宗的交往已经超越了一般的臣子与皇帝的情分界限，神宗也非常看重程颢的见解，时常咨询他天下大事。比如，神宗问程颢：这次大变革能不能成功？当时，这个问题已经被不少人反复阐述过，结论不一。程颢的回答是：不会成功。为什么？自古以来没有一件事是在中央和地方都有众多

---

[1] 〔清〕毕沅：《续资治通鉴》卷第六十七，清光绪庚寅年（1890）上海积山书局石印本。

的反对者的局面下成功的。程颢这么判断的依据是他的行动哲学——"圣人创法，皆本诸人情，极乎理物。圣人之所必为者，行之有先后，用之有缓急，在讲求设施如何耳"①。依照这个观点看，王安石的变法，尽管其目的与措施的历史正当性十分充足，但在先后缓急的战略部署上并不适当。程颢的预判相当准确。神宗不但在大政方针上征询程颢，而且还要程颢举荐人才。程颢就干净利落地举荐了几十个人，为首的是他的表叔张载和弟弟程颐。

吕大忠此时连程颢的视野都没有进入。譬如积薪，后来者居上。科场上的前辈，就这样被后来者轻松超越。吕大忠继续慢慢地积攒资历，等待召唤。

二、知军事，善外交

熙宁三年（1070）九月，西夏犯边，北宋、西夏再次进入战争状态。韩绛与王安石均欲前往陕西主事。韩绛认为王安石应当坐镇中枢主持变法大事，于是，韩绛被任命为陕西宣抚使，之后又兼管河东路。应战事所需，韩绛被赋予临机独断的权限，"如有机事，可不待奏报，听便宜施行"②，并被授予空名告敕，可自行任命官吏。同年十二月，韩绛在军中拜同中书门下平章事，昭文馆大学士，在延安设置幕府，俗称军中拜相。北宋朝廷的这一系列应急措施表明，对于北宋而言，西夏的这次犯边已经上升到了在战略层面危及国家安全的重要高度。

熙宁三年九月，吕大防被辟为宣抚判官。十月，大概出于吕大防的

---

① 〔清〕毕沅：《续资治通鉴》卷第六十七，清光绪庚寅年（1890）上海积山书局石印本。

② 〔宋〕杨仲良：《皇宋通鉴长编纪事本末》卷第八十四，李之亮校点，黑龙江人民出版社，2006年。

建议，或者出于当时官场的惯例（"上阵父子兵，打虎亲兄弟"，北宋士人举荐人才时从来都是内举不避亲的），韩绛把一批京城的低级官员以提举义勇（主管民兵）的名义调到陕西宣抚使司，吕大忠便在其中。吕大忠到任后，韩绛出于考量才能的目的，让他陈述对义勇的看法，并令其条举义勇利害。吕大忠上言："养兵猥众，国用日屈，汉之屯田，唐之府兵，善法也。弓箭手近于屯田，义勇近于府兵，择用一焉，兵屯可省矣。"[①]也许是自小生长在边境，成年后又在地方和中央为官十余载，吕大忠对北宋兵制的缺点的批判一语中的，即"养兵猥众，国用日屈"，平时养兵太多，靡费国家财政开支，打仗时，兵又不足用。针对这种情况，他提出的解决办法是，向历史学习，汉代的屯田、唐代的府兵，都没有这种弊端（不需要或不完全需要中央政府供养），并认为本朝的弓箭手制度和义勇制度就颇近于屯田和府兵，可择一而行。从守土卫疆的角度看，吕大忠的目的是更好地保家卫国，是在现实的基础上更有效地提升本国的战斗力。吕大忠的建议，仅从抗击西夏的战争角度来说无疑是具有战略意义与价值的。然而，北宋兵制的核心内容就是兵将分离，而屯田与府兵则恰恰相反。这一建议如果不是有着更加系统而深远的考虑，比如借助危机进行军制改革，就是基于乡梓情感的书生义气，比如在现有框架内提升义勇和弓箭手的待遇与地位。对于韩绛而言，这根本不是宰相这个层面可以决断的事情，而且其政治风险太过巨大。因此，无论是出于何种意向提出，无论韩绛的临机独断权限如何大，吕大忠这个建议都不可能被采纳、实施。尽管这个建议不可行，但也显示出吕大忠在军事方面的战略视野和思考的深度。

韩绛把义勇分为七路：延、丹、坊为一路，邠、宁、环、庆为一路，泾、原、仪、渭为一路，秦、陇为一路，陕、解、同、河中府为一路，阶、成、凤州、凤翔为一路，乾、耀、华、永兴军为一路。吕大忠任永兴路

---

① 〔元〕脱脱等撰：《宋史》卷三百四十，中华书局，2000年。

义勇的指挥官（提举永兴路义勇），办公地点在长安，主要负责防区内的防御事务。韩绛在陕西的军事行动很迅速，或者说太过急切。他于熙宁三年（1070）九月到任，十月时还在划防区，调军事主官，冬天时便已攻入西夏境内，把战线推进到罗兀城、抚宁堡，并在两地冒雪修城，可惜后续调度出现漏洞，被西夏反攻成功，煮熟的鸭子飞了。祸不单行，罗兀城、抚宁堡陷落又诱发了庆州兵乱。天大的功劳转眼间成为泡影，韩绛黯然离任。

作为韩绛的下属，而且是被打上了韩绛烙印的下属，吕氏兄弟也相继被调离宣抚司。熙宁四年（1071）五月，吕大忠罢提举义勇，改任陕西转运司勾当公事。北宋的核心政治理念是加强中央集权、防止地方割据，转运司便是其制度设计中最重要的一环，是中央派出机构，最初负责供应军队粮饷。太平兴国年间，转运司由暂设机构转为常设机构，权限也得以扩充，"边防、盗贼、刑狱、金谷、按廉之任皆委于转运使"[①]。勾当公事是当时正式的职官名，大致负责检计、定夺、点检、覆验、估剥之类事务。这一年，吕蕡从京师返回家乡在长安暂停时，吕氏兄弟除吕大防外均随侍在身边。依此推论，吕蕡来到长安时，也许吕大忠还在长安工作。

"熙宁中，王安石议遣使诸道，立缘边封沟，大忠与范育被命，俱辞行。"[②] 宋神宗用熙宁年号用了十年。王安石立缘边封沟这件事，史籍中时间记载并不一致，有熙宁四年十二月、熙宁五年和熙宁中三种说法。我们采用李焘《续资治通鉴长编》中熙宁四年十二月的说法，这里面记载的这个故事比较翔实。十二月"甲寅，诏鄜延路经略司立定绥德城界至，又遣官往诸路缘边封土掘壕，各认地方：知澄城县范育鄜延路；权发遣盐铁判官张穆之环庆路；泾州通判郑遵度泾原路；陕西转运司勾

---

① 〔宋〕林駉：《古今源流至论续集》卷七，文渊阁四库全书本。
② 〔元〕脱脱等撰：《宋史》卷三百四十，中华书局，2000年。

当公事吕大忠秦凤路；麟州通判张宗谔麟府路"①，划片包干，分定国界。别人怎么干的我们不清楚，估计是领了诏书之后就奔赴工作区域了。令王安石和神宗皇帝都没想到的是，居然有两个人请辞，并上书说明自己不奉命的原因——这个命令不符合边境的实际情况和两国之间战略对峙的传统。这两个人是范育和吕大忠。范育也是张载的学生，和吕氏家族的友谊非常深厚，吕大钧去世后的墓表就是他写的。

范育和吕大忠都是出生于边境的学者与官员，对边境情况的了解和理解显然与神宗和王安石从理论和奏章、档案中理解的不一样。

范育说：

> 臣伏承宣命，差赴鄜延路，依见今蕃汉住坐耕牧界至，明立封堠界壕，所贵彼此更无侵轶。臣仰稽圣谋，虑患消争，固深远矣。然臣伏念边兵累岁，非中国之不欲平也，强谋远略之未息也；非戎人之不欲附也，救患扶衰之不已也。今朝廷示宽大之德，戎人效恭顺之体，衅解情通，势宜若一，则赐平之始，固有大计深谋所当先者。

> 臣谓沟封之制，非今日之先务，其不可为有四：臣尝至边，访所谓两不耕地，远者数十里，近者数里，指地为障，华夷异居，耕桑樵牧动不相及，而争斗息矣。今恃封沟之限，则接壤之氓跌足相冒，变安为危。其不可一也。臣访闻五路旧界，自兵兴以来，边人乘利侵垦，犬牙相错，或属羌占田于戎境之中。今分画，则弃之，穷边生地非中国之土，今画界其内，则当取之。弃旧所有，则吾人必启离心；取旧所无，则戎人必起争端。其不可二也。臣又闻戎狄尚诈无耻，贪利而不顾义。今闻纳壤有辞，及使临境，彼且伏而不出，及地有分争，且置而不校，则焉从之？单车以往则无以待其变，饰兵以临则无以崇其信。其不可三也。

---

① 〔宋〕李焘：《续资治通鉴长编》卷二百二十八，文渊阁四库全书本。

东起麟、丰，西止秦、渭，地广一千五六百里，壕堑深高才计方尺，无虑五六百工。使两边之民连岁大役，转战之苦未苏，畚锸之劳复起，坐困藩篱，阴资贼计。其不可四也。此特其事势之难为者尔，抑又有大于此者。

臣闻言至不约，天下莫之欺；德至不争，而天下莫之校。前日疆场常严矣，一旦约败兵挐，斗者跌于前，耕者役于后，而封沟不足恃矣。芊动情暧，诡计百出，使人左复甲兵，右兴金缯；朝委其烽烟，夕举其约誓，不足制矣。故保疆场不如立约，立约不如崇信，信定于心而已矣。

臣又闻周官大司徒，立封沟于邦国都鄙，至于九服，则职方氏辨之而已。行人制贡，而蕃国不与焉。盖圣王之于夷狄，嘉善而矜不能，以为号令赏罚之所不加则责之意略尔。今乃推沟涂经界之法而行之夷狄之邦，非先王之意也。使彼畏威承命，则犹有疑心，一有暧违，上亏国体，此其尤大不可者也。

臣又伏思戎狄之情难知，其服未可信，其弱未可轻。臣愿陛下搜简军实，选将厉师，积谷塞下，以御其变，消患于无形，制胜于不动。凡此今日抚戎之先务也。臣以孤贱之资，先众荷宠，常效犬马之力，奋于危难，以报圣恩。今日选委，苟心知不可为，而默默衔命，动取后戾，以欺天负君，死有余咎，臣是以倾心极言而不知避。伏愿陛下留神。①

吕大忠说：

伏闻朝廷将使立定夏国地界，此诚陛下安边息民之心。然而安边息民之策恐不在此，臣辄有五不可之说，伏惟圣慈采择。

自来沿边多以两不耕种之地为界，其间阔者数十里，狭者亦不减三五里，出其不意尚或交侵。今议重定地界，相去咫尺，

---

① 〔宋〕李焘：《续资治通鉴长编》卷二百二十八，文渊阁四库全书本。

转费关防。樵牧之争固无宁日,衅隙稍久,必惹事端。此不可者一也。怀抚夷狄,先以恩信。恩信未洽,欲画封疆,俱非诚意,后必患生,或有奔冲,人难御捍。此不可者二也。议者以夏国辞请恭顺,遂欲乘此明分蕃汉之限。所差官须与逐处首领相见商量,以兵则非所以示信,不以兵则敌情反覆无常。前延州议事官几为所擒,至今边人危之。此不可者三也。近年陕西沿边四路皆有展置城寨,戎心怨嗟,未有以发。既令各守其境,曲直自明。如或有辞,过实在我。此不可者四也。夏国边界东起麟府,西至秦凤,缭绕几二千里。若欲久存,须为壕堑,计工多少,所役何人,或要害之地势有必争,岁月之闲未易了毕。暴露绝塞,百端可虞。此不可者五也。

非徒五不可,又有大不可者一焉。无定河东满堂、铁笳平一带地土,最为膏腴,西人赖以为国,自修绥德城,数年不敢耕凿,极为困挠。窃闻今来愿于绥德城北退地二十里,东必止以无定河为界。如此则安心住坐,废田可以尽开。彼之奸谋盖出于此。若遂使得志,一旦缓急,鄜延可忧。此所谓大不可者一也。如不以臣言为妄,伏乞下臣状付中书、枢密院,及令臣面析利害,庶得周悉。苟有可采,早赐施行。

又言:"臣尝游塞上,熟知戎情,如朝廷敦信誓,帅臣严节制,将佐不敢贪功务获,则永无边患。此事人皆知之,但为议者所忽不行耳。今讲和之初,宜先务此。"

又言:"臣等五人被命而行,不敢不先示以信,上全国体。万一疏虞,则朝廷如何处置?移文诘问,必漫然不报;举兵讨罪,又力所不堪。复与之和,势皆在彼,百端呼索,须至含容。挫损天威,无甚于此,不可不虑也。"[1]

---

[1] 〔宋〕李焘:《续资治通鉴长编》卷二百二十八,文渊阁四库全书本。

吕大忠和范育的奏章，对于边界情况的论说比较一致，概言之：其一，边界杂居，由来已久，勉强划界，会增加矛盾；其二，划分边界掘壕费用高，增加沿边民众负担；其三，划分边界与对方交涉时官员的安全风险系数高；其四，之前战争中占领的土地，若因谈判划界失去，从军事战略、内部稳定、民众实际利益等方面考虑均损失太大。总之，弊大于利。依照他俩的看法，最佳方案是，军事的问题军事解决，选帅、屯兵、备战，把战略防御做扎实。

王安石不以为然，对皇帝说，朝廷派遣他们的任务是封沟，范育扯到周代的意识形态上去，实在是道理不通，吕大忠扯到选帅上去，更是离题万里。他俩说的边境实况以及因此而带来的战略态势转换，不在王安石的辩驳范围内。换人，这是皇帝和王安石的一致选择。这件事，王安石十分怀疑吕大忠、范育抗命陈词是文彦博指使的。而这一点，始终只是王安石的怀疑而已。从张载一系的哲学观念和政治观念看，无论有无文彦博的影子，吕大忠和范育都有可能上疏请辞。

熙宁五年（1072）七月，吕大忠被调离陕西转运司，回京师任职，新的职务是权检详枢密院兵房文字。枢密院是北宋的最高军事领导机构。这一次，吕大忠算是来到了与其志趣和才能相吻合的岗位，虽然只是代理（"权"）。似乎请辞一事并未对他产生什么负面影响。次年十二月，前缀"权"字去掉，吕大忠正式任职检详枢密院兵房文字。

熙宁七年（1074）三月十九日，辽使萧禧来到大宋，上书抗议大宋河东路沿边增修戍垒、起铺舍等事。辽国指出，北宋的戍垒、铺舍越过了两国的固有分界线，侵入了辽国的蔚、应、朔三州界内。于是要求大宋遣使与辽国官员实地勘验，以拆毁侵入部分的建筑，恢复旧有疆界。二十五日，神宗命令吕大忠、刘忱、萧士元等人共同商量地界事宜。吕大忠的意见是："窃闻敌主孱懦，朔、应诸州久不知兵，习以畏战。可遣谍者游说，以挠其谋，迁延数年，缮我边计，因彼衅隙，乃可得志。

其余诸羌,可以传檄而定。其合召募钱帛,乞下经略司应付,委臣称事优给。如商量地界未定或敌使未至,乞臣以点检为名,因于河外召募。"①大概意思是,辽国这几个州没什么战斗力。我们可以派遣说客游说,拖上几年,自己趁机大修边防。如果在这期间,对方情势有变,我们就可以趁机把边境上的羌人拉过来。经费和人选,请经略司多操心。如果商量不好,或者敌使没到,就给我一个点检的职位,在河外招募人手。总结一句话就是,边拖边搞事,以把地盘和人搞到自己的手里为目的。

随后,神宗命刘忱为正使,吕大忠为副使,出使辽国。

命令下后,刘忱对神宗说:"臣受命以来,在枢府考核文据,未见本朝有尺寸侵敌地。且雁门者古名限塞,虽跬步不可弃,奈何欲委五百里之疆以资敌乎!臣既辱使指,当以死拒之。惟陛下主臣之言,幸甚。"②意思是,根据我们的档案记载,根本就不存在萧禧所说的事情。辽国说我们侵占他们的地方,不过是要借机割走我们的疆域而已。因此,刘忱以死相拒,不奉诏。吕大忠则在此时得知父亲吕蕡患病的消息,请假回乡省亲。他与刘忱相约省亲后会于太原。结果,吕蕡在六月病逝,吕大忠不得不留在家里料理父亲后事,未能出使。刘忱只能换个搭档,与萧士元六月七日起程。

刘忱、萧士元与辽使萧素、梁颖在大黄平展开谈判,多次商谈没有结果。九月,宋神宗下诏夺吕大忠丧,十一月,又下诏让吕大忠代替萧士元。双方改在代州谈判。

> 臣与刘忱再会北人大黄平,萧素、梁颖词理俱屈,虽议论反复,迷执不回,窃原其情,技亦止此。为今之计,莫若因而困之。伏望就除刘忱一本路差遣,置地界局于代州,以萧士元为副,来则与之言,去则勿问,在我则逸,在彼则劳,岁月之间,

---

① 〔宋〕李焘:《续资治通鉴长编》卷二百五十一,文渊阁四库全书本。
② 〔宋〕李焘:《续资治通鉴长编》卷二百五十一,文渊阁四库全书本。

庶可决议。久寓绝塞，人情皆非所堪，速希成功，实恐有害机事，而臣方在哀疚，弃几筵以将使事。今者素、颖言必顾惜欢好，决无仓卒起兵之端，臣之去留，似无所系，乞听臣罢归，以终丧制。①

讲道理，辽使不是吕大忠的对手，但辽使也没有更改底线的权限。吕大忠以为，谈判已进到新的阶段，北宋这边设个地界局支应着辽使即可，于是请求返乡守制。辽方显然无法接受这种困局，于是派萧禧再次出使北宋。

这一次，神宗动摇了。

> 已而复使萧禧来求代北地，神宗召执政与大忠、忱议，将从其请。大忠曰："彼遣一使来，即与地五百里，若使魏王英弼米求关南，则何如？"神宗曰："卿是何言也。"对曰："陛下既以臣言为不然，恐不可启其渐。"忱曰："大忠之言，社稷大计，愿陛下熟思之。"②

吕大忠耿直敢言，奈何神宗心神慌乱，事情终于还是朝着辽国要求的方向发展，"其后竟以分水岭为界焉"③。

外交场上的胜利，没有国力和军力为支撑，没有明辨实情的皇帝为依靠，转手之间就付诸东流，实为可悲可叹之事。

多年之后，苏辙颇为遗憾地回忆起这件事时说："先帝初使吕大忠商量地界，大忠果悍有谋，坚执不与。虏使自知别无的确证验，已似慴服。而缜暗懦，遂坏此事。"④指认韩缜是事情的直接责任人。然而，韩缜在哲宗时拜相。君与臣对人、对事的认知，错位颇大。之后的岁月里，

---

① 〔宋〕李焘：《续资治通鉴长编》卷二百六十，文渊阁四库全书本。
② 〔元〕脱脱等撰：《宋史》卷三百四十，中华书局，2000年。
③ 〔元〕脱脱等撰：《宋史》卷三百四十，中华书局，2000年。
④ 〔宋〕苏辙：《栾城集》卷三十七，文渊阁四库全书本。

吕大忠在检详枢密院兵房文字、秘书丞、河北转运判官、提点淮西刑狱等职位上转迁。在每个岗位上，吕大忠都勤恳敬业，不乏创造之举。他的官运一直到哲宗即位才算亨通，但与韩缜在职位高低上不可同日而语。

元丰八年（1085）三月，神宗驾崩，哲宗即位；十月，年已花甲的吕大忠升迁工部郎中。元祐元年（1086）正月，吕大忠权发遣陕西转运副使；八月，吕大忠转任淮南发运。元祐三年（1088）四月，吕大忠知陕州。元祐五年（1090）五月，为直龙图阁、知秦州。秦州是秦凤路首府，与西夏接壤。时隔几十年，吕大忠再次回到与西夏战争的前线。元祐八年（1093）六月，吕大忠直龙图阁、知秦州任满，以宝文阁待制再任。

在秦州知州任上，吕大忠深入研究西夏的民情、军制，收获很大。

> 西夏每有大举，动经累月，盖人人自备其费。若诸路则悉从官给，号令一出，无敢后者。只以饥饱、劳逸、难易校之，已能屈敌，奈何惴惴然惟恐其来？乃是帅臣习而不察，未尝为朝廷深计。欲乞今后将岁赐钱物，分赐诸路，添助边计。每遇防春防秋，不以有无探报，常令移兵并塞，疑而致之。但使来无所得，常为固守清野之计，去有所防，吾兵在境，勿忘戒心。蠢尔小羌，必厌点集，三二年间，其势自困，兹坐胜之策也。上策守而不战，谓限以沙漠，西人无水草啸聚之地。中策守而或战，谓汉蕃住坐相远，举动稍难。下策守而常战，谓此彼倏忽往来，不可以相及。中策、下策既有战计，须立报寨之法，然后可以保民。前日疆事欲速，此策犹或难之，今来远谋，故以为下。①

吕大忠的这个方案，对症下药，有理有据，甚为可行。可惜的是，他只是一位边臣，对中枢的决策影响有限，更不要说对已经延续了百余年的且为事实所验证"有效"的国防策略的影响了。

---

① 〔宋〕李焘：《续资治通鉴长编》卷四百六十六，文渊阁四库全书本。

总体来看，无论是军事还是外交，吕大忠的做法都贴合实情，所提方案、所行事情均以国家利益为先。吕大忠为官心态积极，视野开阔，不局限于一时一地，也不被自己的身份、职位所困，其见识与胆略，均有过人之处。范仲淹所言"不以物喜，不以己悲"，放到吕大忠身上也非常贴切。他的道学修养功夫，可谓是登堂入室了。

三、直刚君子

在邵伯温的笔记里，吕大忠"性刚直，谨礼法"[1]。这个评断非常准确，既点出了吕大忠的先天性格，又描画出了他的后天所学。前者，我们在吕大忠的仕宦生涯中已经看得很清楚了；后者则在生活琐事之中更见精神。

> 伯温绍圣初监永兴军钱监，吕晋伯龙图居里第，数见之，深蒙器爱。伯温罢官，贫不能归，用茶司荐为属官。一日，见吕公，公曰："君亦为止官何耶？选人作诸司属官，使臣为走马承受，则一生为此官何耶？官矣。"伯温对以故，公口（曰）："为亲为贫则可以。"[2]

邵伯温是邵雍的儿子。邵雍故交、门生遍天下，邵伯温稍微拉下一点面皮，谋一个体面的职位易如反掌。但邵伯温不要说求人谋职了，就是别人求他就职，他还逃跑呢。他是一个非常有修养、有原则的人。绍圣时，新党对旧党的打击已经系统化、全面化和深入化了。邵伯温罢官后，穷得连老家都回不去，于是未免有马瘦毛长、人穷志短之行，吕大忠见了就批评他。他把原委说给吕大忠后，吕大忠说，因为亲人和穷困做这些事是可以的。这是依照儒家之礼的同情式判断。

---

[1] 〔宋〕邵伯温：《闻见录》卷十五，文渊阁四库全书本。
[2] 〔宋〕邵伯温：《闻见录》卷十五，文渊阁四库全书本。

许多人一提到礼法,脑子里立即浮现出"存天理,灭人欲"这样不近人情的形象。这是一种很深的误解,直接把礼法的核心人情物理替换成了无情。

邵伯温知道吕大忠在生活中的许多作为。比如,吕大忠"归乡见县令必致桑梓之恭,待部吏如子弟,多面折其短,而乐于成人"①。这简直就是《论语》中孔子言行的翻版。孔子讲礼,在行为和内心情感上讲究上下不同,对上恭敬,对下仁爱。当年,孔子的学生有不少都体验过孔子对下的爱之深、责之切。比如,宰予昼寝,孔子直接批评他"粪土之墙不可圬也"。子弟辈,很少能被孔子夸奖,批评是家常便饭。但孔子批评学生,是为了赶着学生朝着"成人"("君子不器")的方向走,所以学生们不会怨怼。教育子弟和后辈,孔子足为万世师表。吕大忠时隔千年也能做到,所以,邵伯温夸他是"今之古人"。在以古人为理想人格的儒学中,这是一个诚意满满的赞扬。

吕大忠待后学如子弟,助其成人之事甚多。

吕大忠知秦州时,马涓状元及第后任秦州签判。小伙子年轻气盛,与同事交往中不免有状元之骄言。吕大忠就找他谈话,"状元云者,及第未除官也,既为判官,不可曰状元也"②。李白《宣州谢朓楼饯别校书叔云》曰:"弃我去者,昨日之日不可留;乱我心者,今日之日多烦忧。"所谓状元,昨日事也。以昨日事扰今日心、乱今日行,可谓无知。如此看来,无知实为常人常性。

响鼓不用重槌敲。马涓听了吕大忠的忠言,"愧谢"之。吕大忠觉得孺子可教,于是把道学的诀窍一语道出。"科举之学既无用,修身为己之学,其勉之时。"③当时,二程的得意门生谢良佐在秦州州学做教授,

---

① 〔宋〕邵伯温:《闻见录》卷十五,文渊阁四库全书本。
② 陈俊民:《蓝田吕氏遗著辑校》,中华书局,1993年,第619页。
③ 陈俊民:《蓝田吕氏遗著辑校》,中华书局,1993年,第619页。

吕大忠就经常带着马涓去听课。谢良佐讲《论语》时，吕大忠正襟危坐，面容严肃，倾心聆听，并对马涓说："圣人言行在焉，吾不敢不肃。"吕大忠还让马涓认真研究公事案牍，教他说："修身为己之学不可后，为政治民其可不知。"言传身教，自家子弟也不过如此了，但自家子弟又往往不会有耳提面命的机会。马涓以为自己这时候才遇到了真正的老师。后来马涓入朝为御史，官声很好。他回顾人生时，每次都感慨说："吕公教我之恩也。"①

由上下级而师生，因面诫其短而结恩，吕大忠面对后辈学子时的方法与成就比韩维不知强多少。韩维出身政治家族，与韩绛、韩缜是兄弟。韩维处理类似事情时，颇有公子哥儿脾气。韩维知颍州，状元时彦出任颍州签判。状元做签判似乎是那时候的惯例。和马涓差不多，时彦也是往往自称状元。韩维就怒斥时彦，状元不是官职，从今天起要改称签判。时状元变成了时签判，时彦深以为辱，终身记恨。

一件事，两种结果。表面看，批评人是个技术活，实际上是批评者的心性与修养的区别。言虽直而礼在其中，行虽刚而仁在其里。这就是吕大忠成功的奥秘。他不仅在公事上、在同事关系上这样做，在家里也是这样做。

> 一日至府第坐堂上，丞相夫人拜庭下，命二婢子掖之。公怒曰："人以为丞相夫人，吾但知吕二郎新妇耳。不疾病，辄用人扶何也？"丞相为之愧谢乃已。②

这段文字中的丞相，就是吕大忠的弟弟吕大防。吕大忠是老大，长兄如父。这一次的事情，大概发生在吕大防第二次婚姻不久，所以吕大忠说"吕二郎新妇"。家中无宰相，只有兄弟，没有宰相夫人，只有弟媳。吕大忠发脾气，是因为吕大防夫人在他面前摆出宰相夫人

---

① 陈俊民：《蓝田吕氏遗著辑校》，中华书局，1993年，第619页。
② 〔宋〕邵伯温：《闻见录》卷十五，文渊阁四库全书本。

的架势，坏了家里的规矩。依礼治家，是吕家的原则，也是吕大忠处事立身的根本。这件事情，吕大防也有责任，修身未能齐家，所以只好对大哥"愧谢乃已"。

言虽直而礼在其中，行虽刚而仁在其里，是为直刚君子。吕大忠正是这样的人。

吕大防出生于 1027 年，卒于 1097 年。在吕氏兄弟中，他出仕最早，官职最高。

吕大防"身长七尺，眉目秀发，声音如钟"[1]。史籍中的这个记载有些模糊，还好，历史记录者们开发出多种描写人物的技巧，让我们能够知道吕大防帅到什么程度。"行者见罗敷，下担捋髭须。少年见罗敷，脱帽著帩头。耕者忘其犁，锄者忘其锄。来归相怨怒，但坐观罗敷。"《陌上桑》的这个技法，史官在描绘吕大防时毫不犹豫地拿了过来："每朝会，威仪翼如，神宗常目送之。"[2] 宋仁宗皇祐元年（1049），吕大防甲科进士及第，入仕后，曾经抵达人臣的巅峰——宰相，闲暇时间写字成为书法家，写文章写到苏轼都要为其赞叹，剩下的时间就是著书。吕大防在各个方面都为自己的兄弟们立下了标尺，在大多数方面，他的兄弟们都没有达到他的高度。就事功而言，同时代的读书人里，能超过他的并不多。

一．一朝成名天下闻

吕大防的第一份工作是冯翊县主簿。主簿、县尉这些职务是大宋进士们的试炼地图，在大多数官员的历史叙事中属于一语带过的资历，吕大防也不

---

[1] 陈俊民：《蓝田吕氏遗著辑校》，中华书局，1993年，第607页。
[2] 陈俊民：《蓝田吕氏遗著辑校》，中华书局，1993年，第607页。

例外。他的亮点出现在首次出任县令期间。冯翊县主簿历练结束后，吕大防任永寿县县令。当时，"县无井，远汲于涧"[1]。吕大防到任后发现这种情况，把它作为重要的民生工程来做。他实地勘验永寿县及周边，发现有水，"大防行近境，得二泉"，便"欲导而入县"。但是，"地势高下，众疑无成理"。[2]想想也是，不管你吕大防来还是没来，泉就在这里，永寿县就在这里。在这种情况下，嘲讽就是小菜，拉个小板凳，坐等青年县令失败的估计也不乏其人。史书中一句"众疑无成理"，多么含蓄，其实就是说，此时的吕县令在永寿县根本就没有支持者。工作不好干啊，尤其是对于空降的年轻主官来说，这一脚要踢不开，以后的日子可就不好过了。怎么办？"大防用《考工》水地置泉之法以准之，不旬日，果疏为渠"[3]，科学技术是第一生产力。知识与信息的鸿沟限制了疑虑者的想象力。笑话在旬日之间成为惠及民生的大政绩。百姓得到实惠，吕大防得到名声，"民赖之，号曰'吕公泉'"[4]。据历史记载，吕大防的民生工程让之后近千年的百姓受益，直到20世纪70年代才被损毁，可谓是功在当代利在千秋。重民生、勇任事、求实际、讲科学，吕大防执政的特点，在永寿县得到实践和时间的双重检验。

嘉祐六年（1061），吕大防调任青城令。在青城令任上，吕大防成功地让自己进入高层的视野，他做了两件大事。

青城当时外控汶川，与西夏接壤，是个边疆县。边防是大事。吕大防的创举是，在青城县的险要处设置岗哨、安排巡逻，还禁止百姓上山樵采，断绝细作往来的通道。这些措施共同构筑起青城县面对西夏的严密屏障。当时，韩绛在成都府任知府，吕大防的这些措施深得韩绛的赏

---

[1] 陈俊民：《蓝田吕氏遗著辑校》，中华书局，1993年，第603页。

[2] 陈俊民：《蓝田吕氏遗著辑校》，中华书局，1993年，第603页。

[3] 陈俊民：《蓝田吕氏遗著辑校》，中华书局，1993年，第603页。

[4] 陈俊民：《蓝田吕氏遗著辑校》，中华书局，1993年，第603页。

识,韩绛称赞吕大防有王佐之才。吕大防的能力得到北宋顶级官员的认可和赏识。多年后,韩绛出镇陕西,主持对西夏的战事,就带着吕大防。估计就是这个时候,二人建立了超越一般上下级的关系。

具有天下眼光和相应的抓住工作要点的能力,能干事,这些大概是韩绛赏识吕大防的最主要的因素。

吕大防干的另一件大事是捅了个大马蜂窝,改了国家的官员养廉制度。捅马蜂窝这件事,是一个高难度的技术活儿,技术差的会被蜇。所以,这种事,虽然能干的人很多,敢干的人却没有几个,干好的人更少。北宋为鼓励官员外任、吸引更多士人从政,在西晋、北魏、隋、唐"菜田""公田""职分田"等制度的基础上,创立职田制度,作为养廉措施。职田由佃户耕种,所得租粟供官员使用。在青城,吕大防发现,有些官员居然以大斗入、小斗出的方法牟取超额利润,"获利二倍,民虽病不敢诉"[1]。说好的节操呢?读了那么多年的圣贤书读哪儿去了?接受了那么多年的修身教育修到哪儿去了?为了几口粮食——说是几口,其实也不少,是原来的利润的三倍呢——节操、品行说丢弃就都丢弃了。这样很不道德。就政治稳定、社会发展的角度说,这样下去很危险。但是当时的官僚们挖起自己赖以生存的制度的墙角时,向来毫不手软,似乎不知道这会导致统治坍塌,古人的说法是利令智昏。马克思在《资本论》中说"资本来到世间,从头到脚,每个毛孔都滴着血和肮脏的东西"时,引用了《评论家季刊》中的这样一段话:"如果有10%的利润,它就保证到处被使用;有20%的利润,它就活跃起来;有50%的利润,它就铤而走险;为了100%的利润,它就敢践踏一切人间法律;有300%的利润,它就敢犯任何罪行,甚至冒绞首的危险。"[2]这形象而生动地说明了"利"的强大力量。这件事情,直接关涉到官员的切身利益。要

---

[1] 陈俊民:《蓝田吕氏遗著辑校》,中华书局,1993年,第603页。
[2] 《马克思恩格斯选集》第二卷,人民出版社,2012年,第297页。

不要动？怎么动？"要不要动"这样的念头在吕大防的心里大概是没什么位置的，他有自己的政治追求，还有着超出常人的胆量。那么，关键就是怎么动。"治大国，若烹小鲜。"吕大防做了一个很小的动作：统一出入量斗。他先把自己职权范围内的这部分给做了。然后呢？"事转闻，诏立法禁，命一路悉输租于官概给之。"①这中间的动作是谁做的？史籍无载。从局部的一个小小的改革措施一变而为全国的一项制度，可谓"牵一发而动全身"的成功典型。

嘉祐八年（1063）三月，宋仁宗驾崩，英宗即位。这一年，吕大防改任太常博士。这时，他已经达到了他的爷爷在仕途上的顶峰，一代胜似一代。

治平二年（1065）六月，御史有了空缺，英宗钦点吕大防和范纯仁为监察御史里行。这个职位大概是皇帝考察年轻官员的最佳岗位。他们做的事、说的话，皇帝可以直接看到、听到。吕大防这时候算是正式进入了北宋政治的堂屋。在这个岗位上，吕大防很是敬业，无论是国事还是人事，都有不俗的见解。

吕大防开的第一炮是直陈当时政治的五大弊端，"纪纲赏罚，未厌四方之望者有五：进用大臣而权不归上；大臣疲老而不得时退；外国骄蹇而不择将帅；议论之臣裨益阙失，而大臣沮之；疆场左右之臣，有败事而被赏、举职而获罪者"②。这里论及官员任免制度、高级官员退休制度、军事官员任用制度、言官制度、军事官员晋升制度。这些制度关系到王朝的治乱兴衰。

按照吕大防的看法，这些制度都到了弊病丛生、亟待革新的程度。具体到高级官员退休制度："富弼病足请解机务，章十余上而不纳；张昇年几八十，聪明已耗，哀乞骸骨而不从；吴奎有三年之丧，以其子召

---

① 陈俊民：《蓝田吕氏遗著辑校》，中华书局，1993年，第603页。
② 陈俊民：《蓝田吕氏遗著辑校》，中华书局，1993年，第603页。

之者再，遣使召之者又再；程戬辞老不能守边，恐死塞上，免以尸柩还家为请，亦不许。陛下欲尽君臣之分，使病者得休，丧者得终，老者得尽其余年，则进退尽礼，亦何必过为虚饰，使四人之诚，不得自达邪？"①有理有据，言之有物。从吕大防的奏章看，此时的北宋已经走到了历史的转折点，鼎故革新，势在必行。

在中国历史上，鼎故革新这样的事情，几乎每个朝代都会遇到。扭转历史发展的趋势，尤其是王朝中期的老朽趋势，需要高超的政治智慧。从北宋的结局看，虽然北宋在文化史上极为繁盛，但在政治实践方面的智慧却不够高明。不过，这个时候的吕大防还没有资格上场，只有资格把自己的观点提出来。这些看法能发挥多大作用，则很难说。

真正让吕大防名闻天下的是"濮议"事件。

北宋皇帝多不长寿，而且子嗣延续艰难。仁宗无子，继位的英宗是仁宗的堂兄濮王赵允让的儿子。英宗即位时，濮王已经过世两年。英宗即位后，祭祀先人时在礼法上出现了一个难题：两位父亲怎么办？这个问题被交给太常礼院，交两制以上讨论。

所谓"两制"，是翰林学士与中书舍人的合称。宋代翰林学士受皇帝之命起草诏令，称为内制；中书舍人与他官加知制诰衔者为中书门下撰拟诏令，称为外制。两制提案认为，濮王于仁宗为兄，皇帝既然为仁宗继了，就应该称濮王为皇伯，不能再称皇考了。这是少壮激进派的看法。以韩琦、欧阳修等为首的宰执认为出继之子于所继、所生父母都应该称父母，称皇伯没有依据。这是老成持重派的看法。这两种观点一出，顿时在北宋的官场上引起了强烈反响。这件事情，放到现代社会就是个人的私事。但那时候是家天下，皇帝的事情都是国事，所以大家都热情洋溢地参与到皇帝究竟应该称谁为父亲的大讨论当中来了。

吕大防、范纯仁、吕诲那会儿还年轻，凡事儿爱认死理，再加上其

---

① 陈俊民：《蓝田吕氏遗著辑校》，中华书局，1993年，第603—604页。

职责就是说话（言官），于是就毫无悬念地站到了少壮激进派的战壕里。

吕大防上疏说："先帝起陛下为皇子，馆于宫中，凭几之命，绪言在耳，皇天后土，实知所托。设使先帝万寿，陛下犹为皇子，则安懿（濮王的谥号）之称伯，于理不疑。岂可生以为子，没而背之哉？夫人君临御之始，宜有至公大义厌服天下，以结其心。今大臣首欲加王以非正之号，使陛下顾私恩而违公义，非所以结天下之心也。"[1] 吕大防从日常生活中的人情说到皇帝执政的合法性（即"至公大义"），认为皇帝只能有一个父亲，就是他过继后的父亲。从上疏内容看，吕大防这时的劝说心理学一定是不及格的。皇帝不听，怎么办？吕大防一个人就贡献了十几本奏章。

这一年秋天，开封城闹水灾。少壮激进派们抓住这个政治事件不放手。是的，你没有看错，在北宋，闹水灾是因皇帝失德而起的政治事件，不是天气事件。吕诲指出："陛下有过举而灾沴遽作，惟濮王一事失中，此简宗庙之罚也。"[2] 现代人可能根本看不出来天气变化和朝政之间的内在关系，但在天人感应论的政治制度中，这却是真理。理论上，如果抡起来天人感应的大棒，皇帝也要退避三舍。吕大防说得稍微含蓄一些："雨水之患，至入宫城庐舍，杀人害物，此阴阳之沴也。"[3] 所谓"阴阳之沴"，即阴阳失衡造成的祸患。借助水灾，吕大防上疏陈述朝政中阴阳失衡的八种事端，分别是主威不立，臣权太盛，邪议干正，私恩害公，辽、夏连谋，盗贼恣行，群情失职，刑罚失平。

吕大防一派觉得，在这种全方位无死角的奏章雨之下，在占据了绝对真理高地的威慑下，皇帝该"知错能改"了吧。然而，他们的愿望落空了。英宗不回应他们的诉求。"他强由他强，清风拂山岗。"皇帝祭

---

[1] 陈俊民：《蓝田吕氏遗著辑校》，中华书局，1993年，第604页。
[2] 〔元〕脱脱等撰：《宋史》卷三百二十一，中华书局，2000年。
[3] 陈俊民：《蓝田吕氏遗著辑校》，中华书局，1993年，第604页。

出沉默大法，吕大防和他的同僚们转移作战目标，对老成持重派展开攻击，弹劾韩琦、欧阳修等执政大臣。从兵法来讲，这样的作战方法一定会产生负面效果。果然，姜还是老的辣，韩琦、欧阳修等人，争取到了皇太后的支持，拿到了皇太后的手诏，从制度层面正式确认英宗可以称濮王为父亲。持续一年多的"濮议"事件，以宰执和皇帝的胜利告终。失败的少壮激进派决不认输，继续抵抗。吕大防等人以所言不用为由，拒不入台供职，居家待罪。

这是什么逻辑？我们看不懂的地方，有着北宋官场的神秘的运行机制在推动。在占据真理的高地的情况下，和皇帝、宰相们正面硬杠，是青年官员表现坚定的政治立场、正直的政治操守的绝佳机会。换句话来说，这事儿，只要进入到这个体制当中，就必须做而且必须坚持做。吕大防他们继续向皇帝进言，保持旺盛的斗志和坚定的立场，果然取得了辉煌的战果：其一，英宗下诏要求朝中停止讨论濮王称考之事。其二，濮王称亲，以茔为园，即园立庙。其三，言辞激烈、斗志昂扬的吕诲、范纯仁、吕大防统统黜落。治平三年（1066）正月，吕大防出知休宁县，重新回到官场的第一阶——县令，这就是吕大防这一年多的战果。

但这并不是最终的结果。他们赢得了整个官场的尊重。知制诰韩维（韩绛之弟）、知谏院司马光、判太常寺吕公著等人先后上疏请求英宗追回敕命。

司马光在奏章中说：

> 窃闻吕诲、范纯仁、吕大防，因言濮王典礼事尽被责降，中外闻之，无不骇愕。臣观此三人，忠亮刚正，忧公忘家，求诸群臣，罕见其比。今一旦以言事太切，尽从窜斥，臣窃为朝廷惜之！臣闻人君所以安荣者，莫大于得人心。今陛下徇政府一二人之情，违举朝公议，尊崇濮王，过于礼制。天下之人，已知陛下为仁宗后，志意不专，怅然失望，今又取言事之臣群

辈逐之，臣恐累于圣德，所损不细，闾里之间，腹非窃叹者多矣。伏望圣慈，亟令诲等还台供职，不则且为之别改近地一官，亦可以少慰外人之心也。①

但朝堂之上，岂能容得朝令夕改？所以这些挽救青年人政治生命的奏章都没有起到立竿见影的效果。老臣们一看光说不行，便立即在行动上展开对青年人的支援，韩维拒绝推荐新的御史人选，同知谏院傅尧俞拒绝改任侍御史知杂事，与侍御史赵鼎、赵瞻请求同被贬，司马光力辞谏职，请求与六人同被贬。言官系统停摆。

"忠亮刚正，忧公忘家。"吕大防和他的同僚们在"濮议"事件中，不畏权势，极言直谏，一战成名。

二、浮沉

"濮议"事件后，吕大防的仕途进入浮沉模式。这次贬谪，让年轻气盛的吕大防有了淬火的经历，把吕大防沉潜到了北宋政治之海的底层。同时，吕大防这一沉潜，触到了北宋政治机理的深处。从此，他的政治生命与北宋政治核心紧密勾连。换言之，"濮议"事件中，吕大防和他的同僚们最主要的收获就是，他们每人都收获了一张被北宋政坛认可的核心成员入场券。

治平四年（1067）正月，英宗驾崩，享年三十六岁，在位五年。同年，神宗赵顼即位，时年二十岁，正是意气风发、无所畏惧的年龄。这一年，吕大防由休宁知县改任淄州通判。熙宁元年（1068），吕大防改知泗州，权河北转运副使。

这一从贬职到升迁为主政一方的实权官员的过程，只用了两年时间，比他们在"濮议"事件中打嘴仗长不了几个月。其间最重要的事件是贬

---

① 〔清〕毕沅：《续资治通鉴》卷六十四，文渊阁四库全书本。

谪他的皇帝去世了。新皇帝上任，雄心勃勃，要富国强兵，要改革，要变法。王安石来了，变法一时成为天下政务的核心。变法过程中最需要的是人才。吕大防毫无疑问是个人才，既能锐意进取，又有卓越的大局观，而且对时政的弊端有着深刻认识，更为重要的是，大家都知道他"忠亮刚正，忧公忘家"。最后，还要补充的是，他仕途初期的老上司韩绛这时候是枢密院副使。韩绛与王安石是同年，庆历二年（1042）的科举，韩绛是甲科第三名，王安石是第四名。

熙宁三年（1070），韩绛升任参知政事。在北宋，参知政事最初创设时是宰相副手，后来演变为副宰相，职权、礼遇接近宰相。这一年五月，吕大防由地方调任中央，"召直舍人院"①。舍人院是负责草拟诏制的机构。所谓"直舍人院"指以资历较浅官员担任舍人院草拟外制的岗位。无疑，这是一份能让最高层了解自己能力的工作。九月，西夏侵犯庆州边境，参知政事韩绛与宰相王安石争相出镇陕西，最后，韩绛说服了王安石，由王安石坐镇中枢，主持大局。韩绛出任陕西路宣抚使，任命吕大防为宣抚判官。

韩绛和吕大防准备在陕西甩开膀子大干一场，他们信心充足、热情高涨。在宣抚判官岗位上，吕大防做了一个整体的战略规划，并提交给韩绛。这个战略规划非常复杂，涵盖了政治、经济和战争中的诸般变化。吕大防把他的规划分成两大部分。"其一：止绝岁赐，以所费金帛及汰去疲兵衣粮分给诸师，别募奇兵骑将，伺其间择利深入，破荡城寨，招收部落。如西兵大举，众寡不敌，则勿与战，俟彼退兵散豫，约邻路间道设伏，邀其归路。其二：严为守备，西兵至则坚壁清野，退则出奇兵邀击。"②这个规划，从某种程度上来说是非常严密的，而且可行性很大。

---

① 陈俊民：《蓝田吕氏遗著辑校》，中华书局，1993年，第604页。

② 〔宋〕杨仲良：《皇宋通鉴长编纪事本末》卷第八十四，李之亮校点，黑龙江人民出版社，2006年。

可是，现实情形并不简单，战争双方都有自己的智慧和利益考量。

这场战争，北宋一方意见不一，各有算计；西夏一方则因绝岁赐、罢和市而拧成一股绳。就战略方面的基础要素而论，结果已经显而易见了。

韩绛和吕大防募兵、收权，初战告捷，朝廷优抚。韩绛在军中拜相，吕大防兼任河东宣抚判官，受命知制诰。之后，宋军连获大胜，甚至吕大防还成功地在西夏控制区修建营寨（罗兀城、抚宁堡），意图把战役中的胜势转变为战略上的优势。但随着军事上的胜利，朝廷上下非议之声也多了起来。这些非议来自各个方面：河东经略司、河东转运司、麟府路等。非议多到韩绛都动摇了，以为在西夏控制区揳钉子的举动是错误的，要求吕大防拆除营寨，班师回营。吕大防不愿轻易放弃血战而来的成果，于是，韩绛派吕大防去察看情况，便宜行事。

外伺群狼，内有掣肘。罗兀城、抚宁堡陷落，庆州兵乱。韩绛和吕大防的陕西战役彻底失败。韩绛的收获是："吏部侍郎、平章事、昭文馆大学士韩绛罢相，以本官知邓州。制词责（原为'贵'，据《续资治通鉴长编》改。——编者注）绛云：'听用匪人，违戾初诏。统制亡状，绥怀寡谋。暴兴征师，深入荒域。卒伍骇扰，横罹转战之伤；黄丁驰驱，重疲赍饷之役。边书旁午，朝廷震惊。'"[1] 所谓"听用匪人"中的匪人就是吕大防。当初取得成功的谋略，在失败之后变成了"绥怀寡谋"；勇入敌境、占据战略要地，变成了"暴兴征师，深入荒域"。如此"朝廷震惊"之事，罢相降职自然是题中应有之义。

吕大防呢？他级别低，还轮不到专门由皇帝处置，于是和李复圭、种谔等人一起被议罪。

关于吕大防，王安石指出："大防所谓色取仁而行违者，专务诡随，

---

[1] 〔宋〕杨仲良：《皇宋通鉴长编纪事本末》卷第八十四，李之亮校点，黑龙江人民出版社，2006年。

以害国事。如荒堆斩人，其不致变者特幸尔！"简言之，王安石的意思是，像吕大防这种小人，品行方面，表里不一，专门研究阴谋诡计，对国家危害甚大；做事时，顾头不顾尾，没有引发祸患就是奇迹了。看了这个评价，几乎所有的人都会认为这个人在政治上没有前途了。不，还有一线生机，就是皇帝能够否定这个意见。可是，"上亦言大防几致变"。生机全无！

与吕大防相比，李复圭、种谔就要幸运得多。"上又论谔以为与李复圭同罪"。王安石站出来为李复圭说话："复圭罪薄，西事之兴，自绥德始，亦谔之罪也。"他执意让种谔来背锅。然而，有人愿意为种谔说话，谁呢？皇帝。"上又言谔罪亦使之者过也"，使之者，不是韩绛又是谁呢？文彦博表示有不同意见："谔非能用兵，怀宁之战，其胜者亦幸尔。"皇帝坚决维护自己的判断："谔能胜西人，自是其善战，人共服之，非幸。但任之过分，所以至此。"所谓"任之过分"，言辞之间，责任仍旧指向韩绛。

当年出镇陕西时，王安石原本是要亲自上阵的，由于韩绛的一再坚持和讲道理才换成了韩绛。所以，皇帝把矛头引向韩绛的做法对王安石而言是一个极大的政治考验。王安石站出来保护韩绛："谔前后诡妄，致误韩绛，其败坏两路，皆谔之由，谔实罪首，恐不可但言使之者过也。"把王安石对吕大防、李复圭、种谔的看法结合起来，就可以很清楚地看到王安石的思路——韩绛是个好上司，只不过是被吕大防和种谔给蒙蔽了而已。

韩绛、吕大防、李复圭、种谔几个人中，只有吕大防在最高层的博弈中没有支持者。[①]

在韩绛经略陕西的大事件中，吕大防入则谋划战略，出则领兵攻取，

[①] 自上页末段至此处史实均采自李焘：《续资治通鉴长编》卷二百二十一，文渊阁四库全书本。

出生入死，实际"收获"是：落知制诰，夺两官，知临江军；附带"收获"是：最高层三人组中难得地统一认定此人是个大坏蛋。至此，吕大防在职业生涯中已经被两任皇帝打压下去了。

像吕大防这样最高层意见统一，被认定为从内到外、从品质到才干都没有一丝可取之处的人，只是被贬谪，还能继续当官，真是要感谢北宋的官僚制度。没什么可说的了，收拾收拾上任吧。

在临江军任上，吕大防待了一年左右，在熙宁五年（1072），改任华州知州。华州此时下辖郑县、华阴、蒲城、下邦、渭南等五县，是西北重镇。由此可以推断，虽然熙宁四年（1071）的战争失败，吕大防在最高权力核心那里挂了个负面的号，但其自身能力和背后的支持力度仍然足够强大。从某种意义上说，他仍然享受着较高的待遇。

熙宁七年（1074），吕大防的父亲、传奇家庭教育家吕蕡去世，吕氏兄弟全部回家守孝。熙宁九年（1076），吕大防服丧期满，以龙图阁待制衔出知秦州。秦州是边防重镇。十多年后，他的哥哥吕大忠又以龙图阁直学士身份知秦州。吕家在边境重镇为官，似乎成了一个小小的传承。龙图阁是宋真宗为纪念宋太宗修造的专门宫殿，收藏了宋太宗御书、御制文集和各种典籍、图画、宝瑞之物，以及宗正寺所进宗室名籍、谱牒，相当于北宋的太宗皇帝纪念馆及宗室档案馆。龙图阁共设学士、直学士、待制三个职衔，在名分上属于皇帝的侍从之臣，理论上都是朝廷重臣。包拯的职衔是龙图阁直学士（从三品），比此时的吕大防高一个等级。吕大防守孝三年，重返朝堂，不仅没有人走茶凉，反而升职。吕大防的官场之旅到这时可以说进入了顺风顺水的新阶段。

顺便提一句，这几年，王安石的人生很不顺利。熙宁七年春，天下大旱，据传，旱灾所及，饥民流离失所。监安上门郑侠是王安石的学生，他绘制了一幅长卷《流民旱灾困苦图》，献给神宗皇帝，并附赠论新法过失的论文一篇，力谏罢相，甚至搞出一句谶语"罢安石，天必雨"来增强说服力。同年四月，慈圣和宣仁两位太后向神宗哭诉"王安石乱天下"。在"事实"面前，宋神宗对变法的结果产生怀疑。王安石被首次罢相，改任观文殿大学士，出知江宁府。为变法大业计，被罢相的王安石奏请神宗皇帝让吕惠卿升任参知政事（副宰相），请求召回韩绛任宰相。吕惠卿是王安石任宰相后为推行改革从年轻人中擢拔的得力干才，被时人视为王安石集团的核心力量，当然，王安石也是这么以为的。然而，王安石万万没有想到，虽然他在变法之初就特别注意辨别奸佞小人，但还是把小人放到了自己的夹袋里。吕惠卿一朝权在手便把令来行，办理郑侠案件时，他借机构陷王安石的弟弟王安国，又与章惇一道兴起李士宁案来倾覆王安石。韩绛觉察到吕惠卿集团的恶意和任其横行的恶果，秘密奏请神宗召回王安石重任宰相。熙宁八年（1075）二月，王安石二次拜相。吕惠卿外放为陈州知州。二次拜相的王安石面对的是内忧外患。继续变法？无人可用。旧党不可能和他合作，新党除去吕惠卿一派，只剩下两三个小人物，什么政务也推不动，甚至维持朝局都很艰难。加上长子王雱病故，白发人送黑发人，极度悲恸的王安石自请辞去宰相职务。熙宁九年（1076）十月，王安石外调镇南军节度使、同平章事、判江宁府。一代政治强人落下帷幕，之后他身上的事情也全都是熙宁变法的余波和余韵了。

从熙宁三年（1070）到熙宁九年，王安石和韩绛之间彼此以政治生命相托付，吕大防却和王安石是反贴门神——不对脸，而吕大防在宋神宗和王安石面前挂了号之后，还能略略受挫之后继续升职，不得不说，他在改革派的阵营中是独树一帜的人物。在极速跌宕变幻的政局中，吕大防的这种特立独行能够给他带来什么呢？前文"师友和对手"一章中提到，在吕大防仕途进阶的关节点上，吕公著以强大而自信的理由——"相公且看即今从官，谁是胜得吕大防者"——说服了司马光，我以为其中绝大部分力量来自他的特立独行。

三、宰执天下

元丰五年（1082），吕大防再次升职，任龙图阁直学士，并出知成都府。在成都府任上，吕大防改革织锦流程，修缮草堂，发展文化教育，展示了他在文治方面的能力。

元丰八年（1085）三月，神宗皇帝驾崩，九岁的赵煦继位，祖母太皇太后高氏垂帘听政。高氏起用司马光、吕公著等人，恢复旧法，史称"元祐更化"。吕大防被召回京师任翰林学士，权发遣开封府。北宋开封府的主官更迭非常频繁，特别能考验官员的大局观和平衡能力。九月，朝廷下诏询问吕大防西南民生状况及新法实施的效果。十二月，吕大防升任吏部尚书。

这三年的升迁和职位变化，对吕大防进行了全方位的历练，让吕大防获得了一本厚度和丰富度远超他人的履历。

元祐元年（1086）二月，吕大防以中大夫、尚书右丞身份正式进入司马光、吕公著班子的第二梯队，成为宰相的储备人选。

"濮议"事件，吕大防的最大收获就是这个。虽然皇帝和宰相一直不待见他，但是他似乎一直都在按部就班地进步。

元祐元年九月，左相司马光去世。正要大展宏图的旧党，迅速分裂为掺杂着道统学术和政治诉求的三个集团：一是以程颐为首的"洛党"，二是以苏轼为首的"蜀党"，三是以刘挚、梁焘为首的"朔党"。三个集团之间，政见各异，学术立场与见解各不相同，人事纠纷更是缠绕为一团乱麻，彼此之间竟然呈现出水火不容的图景。从内部的混乱看，元祐元年旧党内部纷争的精彩程度比熙宁七年（1074）新党内部的背叛大戏有过之而无不及。但是，人死不能复生，司马光不可能再如王安石一般出来收拾自家的残局了。

谁来？吕公著勉力维持，三大集团之间的较量在继续。

吕大防从政以来，不拜师，不结朋党，无论是在新党还是在旧党中，都属特立独行之人。这份政治选择与坚持，在此时的新旧党争和各党内部的攻讦与纷争中，显得格外珍贵。元祐元年（1086）十一月，因中书侍郎之位空缺已久，朝中商议新的人选，吕公著以"忠实可任大事"为据推荐了吕大防。吕大防毫无悬念地就任中书侍郎。

这一年，北宋西夏边境息兵罢战，"青唐羌以为中国怯，使大将鬼章青宜结犯边。大防命洮州诸将乘间致讨，生擒之"①。吕大防在军事上的才能在多年之后仍然闪烁着耀眼的光芒。在别人忙着拉帮结派、相互攻讦时，吕大防在主持对外作战，并且获胜。

大约也是在这一年，吕大防被封为汲郡公。以吕大防的文治武功而言，这实至名归。

元祐二年（1087），太皇太后下诏向吕大防、范纯仁咨询西夏问题。吕大防从西夏最高领导人的变迁与性格入手，侃侃而谈，"比闻秉常极孱劣。梁氏既死，而秉常存亡未可知。若秉常已亡，则内难未已，何暇外图？虽使秉常得存，亦不足畏。今数遣使入朝，而不早布诚款者，盖苟欲观望迁延，不敢先发以示弱"②，以为西夏不过外强中干，可以强势对之。另外，他从地利角度强调巩固已经收复疆土的重要性；从将帅选择角度，提出对西夏的整体战略部署。

元祐三年（1088），对吕大防来说，历史性的时刻就在这一年。吕公著因年事已高卸任，吕大防任左相，范纯仁任右相。吕大防的宰相生涯正式开启。

此时北宋的政治格局之乱，世所罕见。上下不协，内外不和，思想不一，纷乱异常。因此，拨乱反正，使政治回到正确的轨道上，是关系到北宋生死存亡的大事。吕大防的执政思路也是这样，为此，他选才时，

---

① 陈俊民：《蓝田吕氏遗著辑校》，中华书局，1993年，第605页。
② 〔宋〕李焘：《续资治通鉴长编》卷三百六十六，文渊阁四库全书本。

不偏倚一党，尽量用人之所长；做事时，小心谨慎，小步缓进；对于新旧两党的斗争，尽量控制在政治斗争规则范围内。

虽然吕大防已经很努力了，已经加倍地小心谨慎，已经把戒骄戒躁变成了习惯，但是他不仅有神一样的对手、扯后腿的队友，还有根本就不应该亲自下场的裁判，更可怕的是裁判还对他的对手心存怨怼。如此一来，一直在场上竭力维持，试图把北宋政治搬回正轨的吕大防，便只能生出"天意如此，奈何，奈何"的慨叹。元祐四年（1089），车盖亭诗案发生。由于吴处厚勾起了太皇太后的怒火，加上部分大臣推波助澜、火上浇油，太皇太后暴怒，言出法随，把蔡确钉死在岭南新州。① 如果把北宋看作一列快速行进的列车，那么这时候我们看到的就是，车上的乘客在长达十几年的理念争锋和人事纷扰的纠缠中，终于成功地把彼此的关系变成了不共戴天、相互绞杀的仇人。这段仇，真的是地老天荒，一直伴随北宋到毁灭的深渊。

吕大防、范纯仁预见到了北宋政治将要进入荆棘之路，至于他们有没有预见到这是王朝的穷途末路，我们不知道，但他们知道这绝不是王朝荣耀的象征。

大势已成。吕大防能做的就是尽量细致地告诉这列快车的驾驶员如何才能天下太平。

元祐八年（1093），哲宗十七岁，距亲政的年龄已经不远了。吕大防已经可以感受到青春年少的哲宗驾驭国家的雄心了。北宋的未来就在这个青年的手中。吕大防尽全力抓住那些可以深深触动皇帝的机会，向他阐释"平天下"的奥秘。

在《宋史》中，吕大防这方面的努力获得了浓墨重彩的描述。

> 哲宗御迩英阁，召宰执、讲读官读《宝训》，至"汉武帝籍南山提封为上林苑，仁宗曰：'山泽之利当与众共之，何用

---

① 参看"师友和对手"一章的"对手"一节。

此也。'丁度曰：'臣事陛下二十年，每奉德音，未始不及于忧勤，此盖祖宗家法尔。'"大防因推广祖宗家法以进，曰："自三代以后，唯本朝百二十年中外无事，盖由祖宗所立家法最善，臣请举其略。自古人主事母后，朝见有时，如汉武帝五日一朝长乐宫。祖宗以来事母后，皆朝夕见，此事亲之法也。前代大长公主用臣妾之礼。本朝必先致恭，仁宗以妷事姑之礼见献穆大长公主，此事长之法也。前代宫闱多不肃，宫人或与廷臣相见，唐入阁图有昭容位。本朝宫禁严密，内外整肃，此治内之法也。前代外戚多预政事，常致败乱。本朝母后之族皆不预，此待外戚之法也。前代宫室多尚华侈。本朝宫殿止用赤白，此尚俭之法也。前代人君虽在宫禁，出舆入辇。祖宗皆步自内庭，出御后殿。岂乏人力哉，亦欲涉历广庭，稍冒寒暑，此勤身之法也。前代人主，在禁中冠服苟简。祖宗以来，燕居必以礼。窃闻陛下昨郊礼毕，具礼谢太皇太后，此尚礼之法也。前代多深于用刑，大者诛戮，小者远窜。惟本朝用法最轻，臣下有罪，止于罢黜，此宽仁之法也。至于虚己纳谏，不好畋猎，不尚玩好，不用玉器，不贵异味，此皆祖宗家法，所以致太平者。陛下不须远法前代，但尽行家法，足以为天下。"哲宗甚然之。[①]

吕大防为哲宗总结的祖宗家法很细致，涵盖了内外左右上下各个方面，如果简化为君主准则的话，无外乎内修仁德，外依礼仪。吕大防说，北宋立国一百二十年没有大患，是因为前代君主所立的家法实实在在是现世的致太平之法。事关祖宗，法涉天下。吕大防借祖宗行状和哲宗本人行为的劝谏，哲宗大概也只能"甚然之"。不但哲宗"甚然之"，后来修《宋史》的元人也以为对于君主的政治决策而言，"大防疏宋家法

---

① 陈俊民：《蓝田吕氏遗著辑校》，中华书局，1993年，第606页。

八事,言非溢美,是为万世矜式"①。

老子说:"上士闻道,勤而行之;中士闻道,若存若亡;下士闻道,大笑之。"②对我们来说,我们可以从哲宗亲政后对政局的掌控判断,他对吕大防总结的家法八事大约是"若存若亡"。也是在这个时候,吕大防准备功成身退,向太皇太后提出要退休,为才俊让出位置,但没能获得批准。

未承想,元祐八年(1093)九月,太皇太后驾崩了。吕大防出任太皇太后的山陵使,负责治丧事宜。依宋制,宰相任山陵使后,要去职。太皇太后丧礼结束后,吕大防以观文殿大学士、左光禄大夫职衔出知颍昌府,很快又被改知永兴军。此时,哲宗对吕大防还甚有感情,吕大防辞别哲宗时,"哲宗劳慰甚渥,曰:'卿暂归故乡,行即召矣。'"③然而,去位就是暴风骤雨的开始,"未几,左正言上官均论其隳坏役法,右正言张商英、御史周秩、刘拯相继攻之"④,哲宗并不是一位能够为臣下遮风避雨的君主。

于是,绍圣元年(1094)七月,吕大防被贬,行秘书监,分司南京,郢州居住。

绍圣三年(1096)七月,吕大防已经被逐出中枢三年,哲宗召见吕大忠时,说吕大防是个质朴汉子,可惜被人出卖,要吕大忠转告吕大防暂且忍耐两三年,还能召回见面。在新旧党争已经白热化的关口,这些话无论如何都是绝密中的绝密。秘密总是会泄露。这些话还是被章惇(当时的新党领袖,宰相)知道了。哲宗一如三年前,说得好。做?也许他什么也做不了。

---

① 〔元〕脱脱等撰:《宋史》卷三百四十,中华书局,2000年。
② 朱谦之:《老子校释》,中华书局,1984年,第166—167页。
③ 陈俊民:《蓝田吕氏遗著辑校》,中华书局,1993年,第606—607页。
④ 陈俊民:《蓝田吕氏遗著辑校》,中华书局,1993年,第607页。

绍圣四年（1097）二月，吕大防再次被贬，任舒州团练副使，循州安置。

绍圣四年四月，吕大防再次被贬，在去虔州的途中去世。

风流总被雨打风吹去。

勇不可及吕大钧

吕大钧，字和叔，是吕氏兄弟中的老三，出生于宋仁宗天圣七年（1029），去世于宋神宗元丰三年（1080），享年五十二岁。按照儒家的传统，吕大钧死于知天命之年。但从他生平所做之事看，我以为在知天命这件事上，他属于早慧的那种人。在他二十多岁中第那一年，在他一言而契拜师张载的时候，他已经用行动向历史揭明了他的天命。"始学，行其所知而已。道德性命之际，躬行久则自至焉。"[1] 吕大钧治学，以行其所知为发端，以躬行礼义、落实天道性命到自己生命为途径。生活就这样丰盈与充实起来。多少人艳羡并心向往之的人生境界啊！可是怎么才能做到呢？光说不练假把式，光练不说傻把式，又说又练真把式。说和练，知和行，合一融通，能做到的人不多。吕大钧为什么能够做到？我们和吕大钧的差别究竟在哪里？可能，差别只是，他知道，他敢，他做了。敢者，勇也。如是而已。

勇，是生命丰盈与充实的力量之源。

一、出则勇

勇，乍一看近于莽撞。或者说，如果没有足够的知识储备作为底蕴，没有以自己的天命作为前导，勇在生活中降为脑子一热、气血上涌的莽撞几乎是必然之事。吕大钧显然不是这样。

---

[1] 〔清〕黄宗羲著，〔清〕全祖望补修，陈金生、梁运华点校：《宋元学案》，中华书局，1982年。

前文所述吕大钧一言而契拜师同年张载一事，若从常理来看，实为超凡脱俗之举。当时，虽然张载在经历了二程的晚间挑战之后，对自己的道更加有信心了，但围观的学者们普遍表示不相信。在这种情况下，拜张载为师不但需要眼光，还需要勇气。一则要凭借自己的学识判断出张载之学确实可以接续道统。二则还要在自己的内心深处树立道统不但存在而且在现实生活中确有大用的念头。三则要能够克服人类无处不在的攀比之心。要知道，张载前一段时间给大家讲《易》讲得获赞誉无数，结果他却当着大家的面坦诚他讲《易》不如二程。这绝不是冷幽默，虽说展示了张载的胸襟和气度，可学术上的事儿，败了就是败了，无论是谦虚还是骄傲，都无法改变这个事实。

吕大钧拜师后，向张载请教该如何修身为学。张载针对他的情况，建议他"赡学洽闻，无所不该"，教他做学问中的打井之术，要他从广博路线跳到简约风格。他二话不说，照办。张载要求学者"少置意科举，相从于尧舜之域"[①]，学生们听了之后，"则姑诵其言，而未知其所以进于是焉。君即若蹈大路，朝夕从事，不啻饥渴之营饮食也。潜心玩理，望圣贤之致克期可到，而日用躬行，必取先生之法度，以为宗范。自身及家，自家及乡人，旁及亲戚朋友，皆纪其行而述其事"[②]。当别的同学满足于摆摆姿势、长长见识时，吕大钧拿出他拜师时的果决与勇敢，以老师的论述为宗范，躬行实践礼仪之事，并以之感染身边的人，以人格魅力创设了《乡约》。

吕大钧拜师之后学业的进路，是孔子当年所倡导的为己之学的方向。所以，时人把他比作孔子门下的子路，这当然有抬高张载和关学的意思在里面。但如果从张载和吕大钧对其后中国历史实际影响看，对他们的抬举式称誉并不过分。如果说，张载对北宋关中人生活的影响主要局

---

① 陈俊民：《蓝田吕氏遗著辑校》，中华书局，1993年，第587页。
② 陈俊民：《蓝田吕氏遗著辑校》，中华书局，1993年，第615页。

限于儒生圈和任县令时的那个县的话,那么,吕大钧的举动则打破了社会阶层和地域的局限,具有了相当的普遍性。所以,张载也发自内心地感叹这个学生在儒家所讲的勇字上超过自己——"先生亦叹其勇为不可及"[1]。张载一定不知道,他自己的学说,千年之后仍旧被政治家和学者视为中华文脉的铿锵之音,并愿意服膺相从;张载更不会想到,他的学生吕大钧的《乡约》会成为中国传统社会后半程百姓的日用之道。如果他能够知道,或许他会在吕大钧的"勇"字上再加一个"智"字。

然而,吕大钧是知道的,张载去世后,他"益修明其学,将援是道推之以善俗,且必于吾身亲见之"[2]。移风易俗,自古都不是容易的事情,也不是以一时一地之成败立论的事情。吕大钧的工作,在当时的文化和舆论环境下开展起来也是非常困难的。但吕大钧在精研过去历史的基础上,坚信自己的道路是正确的,坚信自己的工作在未来的时空中会有一席之地。他说:"有命,不得于今,必得于后世。"[3]

我们当前的文化氛围中,有一份浓浓的穿越情结。穿越者们掌握着既有历史的大势,怀揣着过去的历史所没有的技术与谋略,在平行时空里翻云覆雨,满足了不少读者的想象。吕大钧的经历告诉我们,穿越时空是可行的,只要你的思想和行为有足够的历史穿透力。

吕大钧不仅在修身成己、推己及人方面有勇,在出仕为官,面对具体事务时,也是勇字当头。

熙宁三年(1070),韩绛宣抚陕西时,吕大防为宣抚判官,吕大忠提举永兴路义勇,吕大钧也来到了军中,出任宣抚司机宜文字。韩绛军事战略失败后,吕大钧被移知候官县,他没有上任;前任宰相曾公亮镇京兆,推荐吕大钧知泾阳县,他仍旧没有就任。

---

[1] 陈俊民:《蓝田吕氏遗著辑校》,中华书局,1993年,第612页。

[2] 陈俊民:《蓝田吕氏遗著辑校》,中华书局,1993年,第616页。

[3] 陈俊民:《蓝田吕氏遗著辑校》,中华书局,1993年,第616页。

元丰三年（1080），吕大钧被推荐为诸王宫教授。七月，彗星出现。这在那个时代算是重大政治事件，神宗皇帝下诏自省，群臣上书陈情。君臣以"彗星"为题，讨论此时政治之得失。吕大钧也借机宣扬自己的思想，写了一篇论道的文章，以为皇帝的要事是以道之心，使道心明白，则政治中的危机自然消失。这种说法符合他的身份和一贯的做法，但在皇帝的政治生活中，却也不会有什么用处。至于奏章中涉及实务的部分，虽然详细罗列了当时政事的弊端，大多还是因王安石的改革所引发的弊端，但就政治的运作来说，大抵只是起到了让皇帝知道他的意见的作用，实际功效，只剩下了让人知道在例行公事的讨论中他说了话，他的职位和级别尚不足以推动政治大局的变化。

诸王宫教授的职位做了不久，时为秦州知州的吕大防就把他请调为监凤翔府造船务，官职也升为宣义郎。

元丰四年（1081）七月，神宗皇帝下令讨伐西夏，北宋与西夏战事再起。

> 鄜延转运司檄为从事。既出塞，转运使李稷馈饷不继，欲还安定取粮，使大钧请于种谔。谔曰："吾受命将兵，安知粮道！万一不继，召稷来，与一剑耳。"大钧性刚直，即曰："朝廷出师，去塞未远，遂斩转运使，无君父乎？"谔意折，强谓大钧曰："君欲以此报稷，先稷受祸矣！"大钧怒曰："公将以此言见恐邪？吾委身事主，死无所辞，正恐公过耳。"谔见其直，乃好谓曰："子乃尔邪？今听汝矣！"始许稷还。是时，微大钧盛气诮谔，稷且不免。未几，道得疾，卒……[①]

《宋史》的文笔远不如司马迁的《史记》，但这一段对话，却实在精彩。在元丰四年的这场战争中，吕大钧被调往鄜延转运司，在李稷领导下负责粮草转运事务。宋军出塞后，粮饷不足，派吕大钧与种谔接洽返回安

---

① 陈俊民：《蓝田吕氏遗著辑校》，中华书局，1993年，第609页。

定押运粮饷事宜。一般而言，在庙算中，大军粮饷应当是充足而且及时的，所以，种谔生气似乎有充足理由。于是有这几句话："吾受命将兵，安知粮道！万一不继，召稷来，与一剑耳。"但前方将帅不应该勠力同心，追求最终的胜利吗？为什么种谔要生出杀心？

原因有二。其一，在熙宁年间的军事行动中，宋军最终丧失了到手的胜利果实，神宗与宰相商议处分时，神宗维护种谔之心溢于言表。虽然种谔并未能够幸免，仍旧因为韩绛兵败被贬谪，在官场浮沉许多年，但神宗皇帝的话，对种谔的自我定位影响很大，他自视甚高在所难免。对下说话用词严厉，对种谔而言，大概也是自视甚高带来的自然的心理反应。其二，这场战争，前期虽然曲折，但整体还算顺利，并且在局部取得了大胜。但大胜之后，种谔指挥失当，在预定战场发现不了西夏军踪影，而且由于进军路线规划失误，士兵绕了不少路，已经饥饿疲乏，下面的将佐已经有了溃退的苗头。种谔需要一个"背锅侠"。这口锅很黑，黑到了一旦背上就会要命的程度。

吕大钧非常机警，面对种谔的责问也非常勇敢，反唇相辩："朝廷出师，去塞未远，遂斩转运使，无君父乎？"他知道和种谔讲小道理没有用，只能强调，军队是朝廷的军队，转运使是皇帝的转运使，杀了李稷，在行为上就构成了目无君父的罪责。种谔不敢接着这个道理往下讲，到底是领兵打仗的大将，深谙你打你的、我打我的这个军事原则的妙用。于是种谔威胁吕大钧说："君欲以此报稷，先稷受祸矣！"我可以先杀你。考验一个人是否真正勇敢的时候到了——你可以维护你的上级，我会先杀掉你。怎么办？吕大钧这时候的心理反应什么的，一概没写。这时候如果思虑过多就很容易软弱下来。勇字当头的吕大钧直接说："公将以此言见恐邪？吾委身事主，死无所辞，正恐公过耳。"意思是：你在恐吓我吗？我出来报效君王，生死早就置之度外了。种谔无奈，只好反过来夸吕大钧性情刚直，是条汉子。李稷涉险过关。

此事过后不久，吕大钧在奔波的路途中患上疾病，并很快去世。

二、入则孝

　　吕氏兄弟侍奉父亲都很上心，做得最好的是吕大钧。吕大钧入仕之初，被任命为三原县知县，当时，他的父亲吕蕡被任命为巴西县知县。三原县位于关中平原中部，境内有孟侯原、丰原、白鹿原三个名原。其中白鹿原随着陈忠实的小说《白鹿原》在我们这个时代声名远播。从做官的角度看，三原县离家不远，基础条件又好，是个不错的起步点。这时候，他的哥哥们也都在知县任上兢兢业业地锻炼自己的能力。尴尬的是，他们的父亲这时候仍旧在知县任上打转转，而且位置并不好。巴西县当时是绵州州治所在地，绵州又被称为巴西郡。元代时搞政区设置改革，州治所在地不再设县，以州代县，巴西县被撤销，所辖境域改为绵州直辖。在州治所在地为知县，对于吕家人来说，并不是什么太大的问题。问题在于，蜀道之难难于上青天，北宋时从山西或者从京师（今开封）到巴西县，路况不会比李白那时候好太多。想到吕蕡的年龄，这个人事安排可真是让其难以承受啊！怎么办？吕大钧站了出来，请求代替父亲去巴西县任职。于是，吕大钧"移巴西县"[①]。这件事情，如果要放到以孝治天下的朝代，大概是会被立为标尺吧。但在那时的北宋，理学尚未取得统治地位，大家的目光还集中在治理天下的战略方案上，所以，虽然吕大钧的请求获得了批准，可是吕大钧本人并未从中获取什么额外的政治资本。

　　不过，话说回来，以我们对吕大钧的了解，他这么做的时候其实根本就没有想到什么政治资本。他的老师教他做学问的根本就是：少想当官的事情，多做修身循礼之行。吕大钧也以为"躬行礼义，久则至焉"。

[①] 陈俊民：《蓝田吕氏遗著辑校》，中华书局，1993年，第609页。

他的人生重心，全不在当世的政治事功上，而在求证礼义究竟是不是可以成为世人生活世界的基本原则，成为天下格局的一般原则上。这便是他的道，也是张载所开出来的道。换言之，他的老师和他对孟子之后汉唐之粲然文明视而不见，张口就是"子没而无传。两汉而下，儒者之论大道，察焉而弗精，语焉而弗详，异端邪说起而乘之，几至大坏。千有余载，至宋……"①，也是由于汉唐的文明模式到了宋已经不适用了，需要他们这一代人探索出新世界的文化境域和生活。用现代的话来说，就是他们恰逢千年未有之变局，而且又真切地意识到了这个变局带来的学者的文化使命，意识到了学者在新的文化模式变迁中成就圣贤，垂名后世，穿越历史屏障，获得历久弥新的文化生命的契机。

孝对于吕氏兄弟而言，不仅是一份文化传承，还是一份文化自觉，更是一份使命担当。对吕大钧这位以行为修身成学根本道路的儒者来说，如此便是本心。所以，吕大钧站出来，代替父亲出知巴西县。

几年后，吕蕡致仕返回蓝田居住，吕大钧"亦移疾不行"②。所谓"移疾"，就是上书说生病了，不能履行职责，请求暂时停职。换言之，就是请病假。吕大钧"移疾"的目的是回老家陪伴父亲。

天伦之道，天伦之乐。

熙宁七年（1074），吕蕡去世。吕大钧和兄弟们为父亲治丧，"衰麻葬祭，一本于礼"③。兄弟五人，全都在家守孝三年。

熙宁九年（1076），服丧期满。吕大钧仍不出仕，而是居家讲道，教育人才，变化本乡本土之风俗。

上一节中，我们知道，从熙宁三年（1070）韩绛的军事失败，到元丰三年（1080）被举荐为诸王宫教授，将近十年的时间，吕大钧屡屡

---

① 〔元〕脱脱等撰：《宋史》卷四百二十七，中华书局，2000年。
② 陈俊民：《蓝田吕氏遗著辑校》，中华书局，1993年，第609页。
③ 陈俊民：《蓝田吕氏遗著辑校》，中华书局，1993年，第609页。

拒绝朝廷的任命和举荐。那时候，我们只约略提到吕大钧是因为孝而做出这种举动。现在，我们知道吕大钧这么做是他立学修身以来的一贯举动，也是他学问人生一体的根基。

他的孝，不仅出于人的天性，而且是他的天命之所在。

所谓"礼"，对吕大钧来说，不外乎"出则勇，入则孝"。

吕大钧的孝，既然是他的天命所在，那就不会仅仅局限在他自己身上。我们知道，儒家讲求修身齐家的次序。任何理念与天命，如果不能推己及人，那多半会变成一种自我的迷思和幻象。

"惟君明善至学，性之所得者，尽之于心；心之所知者，践之于身。妻子刑之，朋友信之，乡党宗之，可谓至诚敏德者矣。乃表其墓曰'诚德君子'……"①这几句话，吕大钧没有看到，也不可能看到。这是盖棺论定的话，任何人在自己活着的时候都不可能看到，死了之后自然也看不到。范育的这几句话，头一句讲吕大钧如何成己，后一句讲吕大钧如何及人。在及人上，有三个层次，一曰妻子（老婆、孩子），二曰朋友，三曰乡党。妻子是推己及人的第一层，也是孝道成立的基础和着力点。这一点，现代人意识到的已经不多了。

"君子之道，莫大乎孝；孝之本，莫大乎顺亲。故仁人孝子欲顺乎亲，必先乎妻子不失其好，兄弟不失其和，室家宜之，妻孥乐之，致家道成，然后可以养父母之志而无违也。……则治家之道，必自妻子始。"②吕大临的这段话，在一定程度上是兄弟几人的共识，在吕大钧这里践行得尤为切实。

吕大钧去世后，人们才在他的葬礼上看到他的孝道成就达到了什么样的高度。

"君疾，命扫室正席，默坐，问者至，语未终而殁。其徒闻疾，或

---

① 陈俊民：《蓝田吕氏遗著辑校》，中华书局，1993年，第615—616页。
② 陈俊民：《蓝田吕氏遗著辑校》，中华书局，1993年，第558页。

自家于官所。及讣至，相率迎其丧，远至数十百里；贫者位于别馆哭之。卒时，夫人种氏治其丧，如君所以治谏议之丧。其孤既葬，而祭于家，必以礼。……子义山，能传其父学。"①治家之道，也就是孝道，自妻子始，说起来简单，就四个字，做起来可就太难了。到了现代，传统文化的发展历经起伏，家庭伦理所面临的局面已与过去的千年有很大不同，如何建立一种新型的和谐的伦理关系，或许是中华民族伟大复兴这个千年新变局中中国思想家的时代天命。吕大钧和他的兄弟们在上一个千年变局中的杰出实践和理论思辨是一个足够有力、足够有启发性的案例。

吕大钧是个实干家，很多东西，也许他也说了，但历史没有把他理论睿智的一面尽数保留下来，只是把他化理念为人生践履的成就记录了下来。将近千年过去，在历史的故纸堆里，我们读到这位道学家以身合道，推己及人，尽孝于父亲，成就于老婆、孩子、徒弟，通达于乡党的故事，仍会肃然起敬。于俗世之中，成就一番抗流俗入尧舜之域的事业，这份信心、气魄和能耐确确实实比《桃花源记》中"率妻子邑人来此绝境"的桃花源先祖大多了。

三、胸怀天下

吕大钧的学术思考，历史存留下来的不多，现在能够看到的，除《乡约》《乡仪》，不过《天下为一家赋》《世守边郡议》《选小臣宿卫议》《民议》《吊说》数篇。或许还有遗珠，但它们什么时候能够重见天日，回到人们的视野之中，谁也不知道。在还能看到的这几篇文章中，《天下为一家赋》格局最庞大，气魄最浑厚，思维的穿透力也最强。放到现在，《天下为一家赋》仍有可思可取之处。天下为一家，并不是家天下，而是着力论述天下之人，天赋能力不同，如何在事务中和谐相处，如何

---

① 陈俊民：《蓝田吕氏遗著辑校》，中华书局，1993年，第612—613页。

在情感上融为一体。文章不长,照录如下,我们可以细细品味。

古之所谓天下为一家者,尽日月所照以度地,极舟车所至以画疆。以八荒之际为蕃卫,以九州之限为垣墙,列国则群子之舍,王畿则主人之堂。凡民之贤而不可远者,皆我之父兄保傅;愚而不可弃者,皆我之幼稚获臧。理其财,乃上所以养下之道;分责之事,乃下所以事上之常。浑浑然一尊百长,以斟酌其教令;万卑千幼,以奉承其纪纲。贸迁有无,而不知彼我之实;损益上下,而不辨公私之藏。大矣哉!外无异人,旁无四邻,无寇贼可御,无闾里可亲。一人之生,喜如似续之庆;一人之死,哀若功缌之伦。一人作非,不可不愧,亦我族之丑;一人失所,不可不闵,亦吾家之贫。尊贤下不肖,则父教之义;嘉善矜不能,则母鞠之仁。朝觐会同,则幼者之定省承禀;巡守聘问,则长者之教督抚存。

呜呼!周德既衰,斯道斯屈。析为十二,并为六七。势不相统,乱从而出。忘祖考之训,则劫夺其屡盟之时;轻骨肉之命,则战死于争城之日。曲防遏籴,以幸其灾;纵谍用间,以乘其失。乖睽有甚于窥墙,斗狠(原为"很",据《御定历代赋汇》改。——编者注)不离于同室。迨至秦政,以强自吞。推所不爱,以残自昏。斧斤亲刃其九族,涂炭自熸其一门。兴阡陌而废井田,则委货财于盗贼之手;置郡县而罢封建,则托妇子于羁旅之屯。贫富不均,几臣仆其昆弟;苟简不省,皆土苴其子孙。

自汉以来,终亦不复。虽有王侯,而不得辄预其政;虽有守令,而不得久安其禄。譬之锦衣玉食,纵无所用之子;雕车良马,委不善驭之仆。门庭虽存,亦何足以统制;闺门无法,则何缘而雍睦。豪强日横,而略无鞭朴之制;单弱日困,而不以恫瘝之勤。已天理之固然,实人谋之不足。尝闻之,治乱有

107

数,废兴有主。昔既有离,则今必有合;彼既可废,则我亦可举。惟盛德之难偶,故旷时而未睹,岂有待于吾君,将一还于治古!①

文章的重心,论证的要点,全在第一段,后面两段感慨描述第一段所写的黄金时代过去之后,政治与人情的衰败之状。

吕大钧开篇先揭明一个概念:何谓天下为一家?以日月所照为度,以当时的天文学最高水准看,这差不多就是以宇宙为天下了,气魄雄浑,有古代大思想家的文脉浸润其中。随后的文字进入政治哲学思考的节奏,所谓"极舟车所至以画疆。以八荒之际为藩卫,以九州之限为垣墙,列国则群子之舍,王畿则主人之堂",以典型的农耕之家格局为底版,以宏阔的想象为翅膀,以政治史为颜料,画出充满家庭温馨感的天下图画。天下为一家,实为可以把天下以象征的手法简化为一个家的结构,使物理的事实具有人伦的情怀。与西方哲学家柏拉图的《理想国》以天下为一人的政治哲学构造相比,吕大钧的图景,气魄上毫不逊色,而人伦关怀又开出了另一番完全不同的天地。吕大钧的这番话,以"古之所谓"引领,有着明确的代古人说话、替圣贤立言的意味。所以"天下为一家"可以视为中国传统政治智慧的北宋版,或者说吕大钧版。

是一家而非一人,则人伦关系自然优先于政治的理念认知,人之天赋不同,中外政治哲学均承认,至于如何应对,则方向选择各有千秋。柏拉图在《理想国》中借绝对理念层级的投射,把人按天赋分阶级,并把阶级固化为社会职能不同的集团。吕大钧因天赋而设责,但并不以天赋为阶级固化的依据,构造出一个上下皆有所职、皆有所责的家庭生活图景。即贤达者为父兄保傅,为理财养下者,为斟酌教令、引领方向者。愚钝者为幼稚获臧,为分责事上者,为奉承纪纲、遵循道路者。能力越大,责任越大。每个人因天赋和能力获得自己在社会生活中的职分和位置,共同组成一个"外无异人,旁无四邻,无寇贼可御,无闾里可亲"

---

① 陈俊民:《蓝田吕氏遗著辑校》,中华书局,1993年,第593—594页。

的和谐的家庭式社会。在这个社会中，人与人之间不是陌生的、原子化的、互不干涉的，而是生死同其情，故"一人之生，喜如似续之庆；一人之死，哀若功缌之伦"；善恶同其心，故"一人作非，不可不愧，亦我族之丑"；贫富同其身，"一人失所，不可不闵，亦吾家之贫"。政教礼仪，本于父子母女亲情之推演，即"尊贤下不肖，则父教之义；嘉善矜不能，则母鞠之仁。朝觐会同，则幼者之定省承禀；巡守聘问，则长者之教督抚存"。

　　吕大钧心中的理想社会就是这幅图景。这就是三代之治，历代儒家推行政治改革都要返回汲取的中华文脉的源泉。19世纪末20世纪初的那场千年变局之初，中华文明面临生死危机的时候，儒家学者的第一反应仍旧是再返先秦，复习三代故事，行返本开新之举。这不是愚笨，也不是守旧，而是一个民族在面临生死抉择时所做出的合理的道路选择。返民族文化之本源，求新命之所从出，是为文艺复兴。

　　从这个角度看，所谓"复古"，所谓"三代之治"，并不仅仅是一种基于时间的考量。事实上，如果仅仅是基于时间的考量，在历史事件的真貌之前，一定会溃不成军。历史学家对于思想家的古典研究往往有一种基于事件真貌的疑虑，但是，历史对现代人的时代价值，从来就不在于事件本身，而在于复杂的事件的勾连中显露出的历史精神。在这种勾连中，事件的显隐详略并不是由事件经历者的体验决定的，而是由历史精神的涌动和创新勾画的。在吕大钧这一系的思想中，中华民族的历史精神以礼为貌，以仁为心，这就是中国的大道和天命。吕大钧之所以能以充足的证据和强大的气势断言从春秋到秦、到汉唐的历史无道，就是立足于对中国的历史天命和天道的清晰认识和真诚信仰。

　　"昔既有离，则今必有合；彼既可废，则我亦可举。"天下大势，合久必分，分久必合，然而无论分合，都需要有人勇敢地去探索之，肩负之。"彼既可废，则我亦可举"，于平静中起雄强之气，于琐碎中生豪壮之势，于日常生计中营大道文明之脉。

"天下大事，必作于细。"①用老子之言来描述吕大钧，真是恰到好处。

---

① 朱谦之：《老子校释》，中华书局，1984年，第257页。

学者吕大临

吕大临是吕氏兄弟中的老五。吕蕡一生有六个儿子，其中一个早夭。早夭的这个儿子，是老四吕大受。根据吕大防为吕大临写的祭文，吕大防比吕大临大十四岁。兄弟几人中，吕大临的著述是流传后世最多的。从这个角度说，他是兄弟几人中最幸运的一个，大概也是在学问上最用力的一个。

吕大临的生卒年月，到今天为止，仍无定论。一个没有详细户口档案的时代给后世研究者留下来的麻烦是不可想象的。按说，我们知道了他比吕大防小十四岁，只要知道吕大防的出生年就可以确凿无疑地推出吕大临的出生年。可是，那篇祭文究竟是不是吕大防写的还有一些争议。所以学术界关于吕大临出生年的推测比较多。对我们来说，由于没有有足够分量的反证材料，采用祭文作为依据确定吕大临的出生年还算一个比较靠谱的方式。吕大防出生于1027年，考虑到古人习惯于以虚岁计算年龄，那么吕大临很可能出生于1040年。这也是许多资料中记录的吕大临的出生年。

吕大临出生的时候哥哥们已经很大了。他的父亲这时候似乎没有更多的精力来直接教养他了，于是，他幼年时的学业便由哥哥吕大防负责。吕大防在做官上很有天赋，也尽心尽力于仕途，或者说，就儒家所言之大道而论，他也只有从事政治才能实现自己的抱负。但这一方面的才能，他似乎并没有传授给自己的弟弟，而且每个人的气质、禀赋不同，吕大临的爱好是读书、著书。兄弟几人留到现在的

111

文字，十之八九都是吕大临的手笔。

吕大临的著述，主要可以分成三部分：一是对经典的注解，二是对时政的议论，三是对时人的记录和评述。

一、解经释道

在"师友和对手"一章中，我们知道，吕氏兄弟都是先求学于张载，张载去世后又拜师于二程。"大临字与叔。学于程颐，与谢良佐、游酢、杨时在程门，号'四先生'。通'六经'，尤邃于《礼》。每欲掇习三代遗文旧制，令可行，不为空言以拂世骇俗。"[①]

"通'六经'"，对于儒家学者来说，是一个了不起的成就。至于"尤邃于《礼》"，则更像是他家传的学问，我们知道他的爷爷就是太常博士。从魏文帝到宋，太常博士的主要工作就是掌管朝廷中与礼相关的事务。

解经释道这件事情，既繁复，又艰深。学术界无数才俊，穷尽心血，付诸光阴，代代相传，尚不能说已经穷尽此事。道超越了言辞之所能够到达的极限，所以用言辞来解释道，总有一些力不能逮的层次，而人类的知识又只有依靠言辞才能构筑。如此看，艰深与晦涩，大概就是解经释道时必然会产生的言语体验。知其不可而为之，人类知识的疆域，就是靠着这些智勇兼备的学者才得以慢慢推进。

为了做这件事，吕大临几乎是完全放弃了在仕途上的发展，以至于史籍中对他是否参加过科举，登第后在官场上如何升迁转任，都众说纷纭，莫衷一是。

吕大临如何解经，如何释道，我们不能详说，一是因为虽然他的著述是兄弟几人中保留下来最多的，但也大多都散失在历史的长河里了；二是因为就目前留存的部分而言，如果不是熟读"四书""五经"的学

---

① 陈俊民：《蓝田吕氏遗著辑校》，中华书局，1993年，第610页。

者,也很难从宏观上准确地分说。我们就摘录其《礼记解》中的片段,体验一二。

对于现代人来说,即便是在当前的国学热和儒学复兴的潮流中,《礼记》也不如《三字经》《弟子规》之类令人耳熟能详。对于吕大临来说,他根本就不知道什么《三字经》《弟子规》,他死了很久,才有了《三字经》,再过了很久,才有了《弟子规》。如果对儒家的修身确实感兴趣,除了《三字经》《弟子规》,还应该去读读《礼记》。这时,吕大临的《礼记解》是一个不错的理解修身的窗口。

> 自天子至于庶人,壹是以修身为本。欲修其身先正其心者,敬之谓也,修身者,正言貌以礼者也。故"毋不敬"者,正其心也;"俨若思"者,正其貌也;"安定辞"者,正其言也。三者正矣,则无所往而非正,此修己以安百姓也。故天下至大,取之修身而无不足,故曰"安民哉"。此礼之本,故于记之首章言之。①

这是吕大临《礼记解》中的一段话。这段话主要解决两个问题:一是,人生以何为本?二是,如何达到这个本?第一个问题,吕大临的回答是"自天子至于庶人,壹是以修身为本"。不管你是谁,不管你是什么身份、什么地位,人生之本统统都是"修身"。现代人还会多出一个问题:本是什么意思?"本"这个字,在"木"的根部加上一短横,表示木的根部这个位置,其本义就是草木的根部。其他意思都是从根在草木生长中的作用出发推导出来的。对于人生来说,可以用根(本)来喻指一切出其而成的那个基础。换言之,就是指有了这个东西之后,人生中所需要的一切能力就有了依据,人生中一切需要应对的事情就有了据以应对的方法。譬如做生意,有了本钱,就可以将本求利,发展壮大。现在,有些人把钱财视为人生之本,把才艺视为人生之本,它们的确在一定范

---

① 陈俊民:《蓝田吕氏遗著辑校》,中华书局,1993年,第187—188页。

围内、一定程度上承担着衍生、解决、完成人生问题的职能，但在古代的儒者看来，这并没有上溯到人生真正的根本之处。儒者把修身视为人生之本。我们可以把这种观点看作儒生祖述前辈话语，代代重复，没有创新；也可以反思儒者为何会一代又一代地重复修身为本的老观点，而不去发挥出更加新颖的看法。其中确有其不得不如此的道理在。

我们的兴趣是，吕大临如何回答第二个问题？如何达到这个本？换个问法就是，你既然把修身说得这么神圣，那么该如何做呢？

现代人会下意识地认为修身这样的事情，一定要有一套复杂的精神程序才能达成。兴许还会有人问，修身是不是和思想品德课差不多，也得从思想上、品德上入手，一套道理接着一套道理地学习？然而，我们想错了，从字面上入手就可以。

所谓修身先从正身开始，正身只要抓住三件事就够了。其一，正其心。正其心只要做到"毋不敬"就可以了。敬在身体上的表现就是恭。恭敬连用正好可以用来表达修身的第一层要义。其二，正其貌。正其貌只要做到"俨若思"就可以了。所谓"俨"，就是庄重。任何人在认真思考时都会自然而然地由内而外散发出庄重的气质。所以，思之庄严在吕大临看来就是一个人的容貌的样本。其三，正其言。正其言只要做到"安定辞"就好。能说会道不见得是正言。一言既出，驷马难追。所以，说话这件事情一定要慎重对待。说的内容，不一定要三思而后出口，但一定要做到任何一句话出口之后不反悔、不纠正，有一句算一句；说的方式，要不疾不徐，有安然之态才好。从心到貌到言，都依礼而为，身之内外，通透无碍，这便是修身。修身达成后，应对人生各种事项，游刃有余，从容不迫。所以吕大临说"故天下至大，取之修身而无不足"。

吕大临阐释的修身三层次，不讲大道理，直接从日常生活中天天运用到的我们自己的各项机能出发讲如何做，做起来并不难，难的是一直这么做。当然，如果没人讲清楚，我们可能意识不到，这是认知上的难处，属于信息鸿沟。认知困难，解决起来说容易也容易，别人讲清楚了，听到的信了，就算是解决了；说难也很难，任你舌灿莲花，我自不相信。

所有人都要以修身为本，儒者在这个过程中最有优势，自觉主动的行为相对于被动的接受，效果和效率都会好上不少。《礼记》中有专门论述儒生应有何种行为的篇目，为方便理解，可以简化成古代的知识分子言行规范，吕大临的《礼记解》对此有精彩的解说。

"使是君为尧舜之君，使是民为尧舜之民，儒者之志也。"[1]他对儒者之志的界定，有一可注意之处，就是他下意识地把儒者放在君和民之间，作为一个独立的阶层。这个阶层在中国古代社会结构中承担着极为独特的使命：上则教君，下则教民，既有知识传授任务，又有引导社会朝着特定的方向前进的职责。

吕氏兄弟中，吕大防、吕大忠的工作偏向于吕大临说的"使是君为尧舜之君"，吕大钧的工作偏向于"使是民为尧舜之民"，吕大临的工作则偏向于探索、构造儒者自身的知识领域和能力构成。看这一家人的方向选择，很难说清楚他们是根据自己的兴趣爱好规划人生方向，还是大家族对自己子弟的分配与规划。总之，儒家知识图景的每个领域都有吕氏兄弟的身影是一个事实。

儒者该如何做才能达成教化君民至尧舜之境的目标呢？"儒者之于天下，所以自为者，主于德而已；所以应世者，主于义而已。"[2]以德自为，以义应世。体与用，内与外，人与事，各有各的领域与应对策略。吕氏兄弟绝不是无事时满口仁义道德腹有千卷诗书，有事时袖手旁观胸无一策的迂腐书生。他们也没有打算朝着这个方向发展。对他们来说，"儒者之立，立于义理而已，刚毅而不可夺，以义理存焉"[3]，是共同的自

---

[1] 陈俊民：《蓝田吕氏遗著辑校》，中华书局，1993年，第361页。
[2] 陈俊民：《蓝田吕氏遗著辑校》，中华书局，1993年，第362页。
[3] 陈俊民：《蓝田吕氏遗著辑校》，中华书局，1993年，第364页。

觉的人格气质。史籍中对吕氏兄弟几人的性格描述，刚毅是基调。针对吕大临的理论阐发，我们既可以理解为这是兄弟几人的性格在理论中的自然投射，也可以说是在自觉的理论追求中生成的知识化的人格气质，即所谓"道成肉身"。以义理为儒者立于世间的精神地基，生成"刚毅而不可夺"的人格气质，这颇类似于孟子所说的浩然之气。

由此观之，宋代的儒者陈述儒家道统时认为自己接着孟子往下说恰恰是其理论自觉性的一种表现。在这份气质的支撑之下，吕大临眼中的儒者格局非常大。"儒者之志，以天下为度者也，宽裕之至，既足以有容，则物我之间，无所别也。"[①]"以天下为度"，这样的气魄何等英武，何等雄浑。什么样的文化才能滋养出这样的格局与气度？儒家文化。

吕大临把儒家文化通达丰润的一面用知识分子画像展示在我们眼前。老实说，这种自我定位、这种人格气质、这种格局气度才是知识分子应当追求的境界与价值所在，才是民族文化能够再次繁荣强盛的根基所在。

二、因事论学

吕大临的学问并不是从纸上到纸上的知识传递。或者说，他的儒者论本身就要求他把道学的理论与现实相结合，使现实与理论构成一种相互阐发、相互发明的关系。

北宋取士养士全以科举，到了吕氏兄弟生活的时期，人才之丰茂、鼎盛，在整个科举史上都非常罕见。然而，擅长或者倾心于取士养士并不意味着同样擅长或倾心于用士。北宋之冗官在整个中国古代史上赫赫有名。面对这个奇特的场景，北宋一直没有找到合适的应对办法。

吕大临对此提出了自己的见解，虽然其在当时的环境中未必有可行

---

① 陈俊民：《蓝田吕氏遗著辑校》，中华书局，1993年，第366页。

性，北宋一直没能解决这个问题就是明证，但未必是一直不可能。这段话被摘入《宋史》，并作为吕大临的主要贡献，就表明历史书写者们认为吕大临的方法很有道理。我们不妨看一看。

> 古之长育人才者，以士众多为乐；今之主选举者，以多为患。古以礼聘士，常恐士之不至；今以法待士，常恐士之竞进。古今岂有异哉，盖未之思尔。夫为国之要，不过得人以治其事，如为治必欲得人，惟恐人才之不足，而何患于多。如治事皆任其责，惟恐士之不至，不忧其竞进也。今取人而用，不问其可任何事；任人以事，不问其才之所堪。故入流之路不胜其多，然为官择士则常患乏才；待次之吏历岁不调，然考其职事则常患不治。是所谓名实不称，本末交戾。如此而欲得人而事治，未之有也。今欲立士规以养德厉行，更学制以量才进艺，定试法以区别能否，修辟法以兴能备用，严举法以核实得人，制考法以责任考功，庶几可以渐复古矣。①

吕大临劈头先提出一个问题，这个问题在现代社会也有存在：人才是社会发展的资源还是负担？或者再简化一点，人是社会发展的资源还是负担？吕大临的回答很简洁："夫为国之要，不过得人以治其事，如为治必欲得人，惟恐人才之不足，而何患于多。"人才在任何时候都不嫌多！然而，作为北宋巨大包袱的冗官是怎么回事？吕大临认为，北宋人才冗余的关键是缺乏让才能与事务、才能与职责相匹配的制度追求。人尽其才，才尽其用，这是吕大临人才思想的核心。人才、职位、能力、事务不匹配、不和谐的情况，吕大临把它命名为"本末交戾"。

他认为，一旦出现"本末交戾"的情况，就不可能得人治事，也不可能实现政治清明。那么，如何才能使本末相谐呢？是不是要靠人才自身的自觉追寻？不是的，如果这样回答这个问题的话，那就只能证明吕

---

① 陈俊民：《蓝田吕氏遗著辑校》，中华书局，1993年，第610页。

大临的思考始终局限在修持自身的角度，不能说不深刻，但格局与高度却不能说够大够高。

"立士规以养德厉行，更学制以量才进艺，定试法以区别能否，修辞法以兴能备用，严举法以核实得人，制考法以责任考功"。教育与制度相结合才是国家的养才用才之道。本末源流兼顾，理念与实践协调，吕大临的这个解决办法，严格来说不能算是具体的实践方法，距离能够拿来就用还有很大距离，只能说是原则和方向。从政治哲学和管理哲学的角度看，他的这些建议全面而深刻，即便在现代社会，依旧不过时。

国家之昌盛在于人才，事业之昌盛在于人才。而人才之养成，首在方向。儒家站在国家和社会发展的立场，对于任何退守内心的学说、任何消极避世的学说都持有极度警惕的态度。换言之，在人才争夺上，儒家与诸子百家有着共同的敏感度，但比诸子百家有着更强的组织力和执行力。在吕大临的时代，儒家面临的人才争夺的主要对手是佛与道。

> 富弼致政于家，为佛氏之学。大临与之书曰："古者三公无职事，惟有德者居之，内则论道于朝，外则主教于乡。古之大人当是任者，必将以斯道觉斯民，成己以成物，岂以爵位进退、体力盛衰为之变哉？今大道未明，人趋异学，不入于庄，则入于释。疑圣人为未尽善，轻礼义为不足学，人伦不明，万物憔悴，此老成大人恻隐存心之时。以道自任，振起坏俗，在公之力，宜无难矣。若夫移精变气，务求长年，此山谷避世之士独善其身者之所好，岂世之所以望于公者哉？"弼谢之。[①]

历史总有相似之处。涉及国家、民族、社会、文化发展方向的人才争夺，在任何时代都是重要问题。在古代，这种人才争夺被抽象地表达为大道之争，甚至被曲折表达为三教合一，但其竞争的实质始终没有改变，其竞争的自觉程度也丝毫不亚于我们这个时代。

---

① 陈俊民：《蓝田吕氏遗著辑校》，中华书局，1993年，第610页。

在人才争夺中，吕大临的方法是抓住关键位置的关键少数，给富弼的信就是这个思路的结果。

吕大临认为，古代的三公职位没有具体的实务，用我们这个时代的说法就是专注于务虚。务虚要抓住内外两个方面：内是本，是体；外是末，是用。在实践中，即体即用，体用不二。"内则论道于朝"，用现在的话来说，就是要抓住旗帜，把准方向，坚定道路，弄清楚社会发展的阶段，搞明白社会发展的目的。"外则主教于乡"，用现在的话来说，就是要高度重视培养、选拔、使用人才，在全社会营造人才健康成长的氛围和环境。"以斯道觉斯民"，是三公工作的职责、方法和途径。吕大临认为，当时的文化氛围并不健康，即所谓"大道未明，人趋异学"。这里的"异学"，一曰庄，一曰释，都是在信仰层面与儒学争夺人才。

吕大临认为，三公的职责就是在这个层面上与庄、释竞争。这不是个人的兴趣或爱好，而是儒者的使命，是社会治理者的使命。所以，当吕大临得知富弼为"佛氏之学"时，就非常严肃地进谏说："若夫移精变气，务求长年，此山谷避世之士独善其身者之所好，岂世之所以望于公者哉？"打起精神战斗吧，儒者与庄、释的竞争不是个人层面的学术志向和兴趣的竞争，而是建设理想社会过程中不断重复、不断上升的文化主题。

三、那些先生

吕大临先后拜师张载和程颐，不论在谁门下，他都是先生最看重的学生之一。先生器重他，他与先生的感情非常深厚。张载去世时，吕大临撰写了《横渠先生行状》，筛选张载一生的思想演变和政事作为的大要和节点，勾勒出张载思想的形成过程和思想史意义。其中最有温度的，是吕大临特意记下来的张载为政时的仁心善举和生活中言传身教提升学生与亲友生命境界的日常小事。

> 在渭,渭帅蔡公子正特所尊礼,军府之政,小大咨之,先生夙夜从事,所以赞助之力为多。并塞之民常苦乏食而贷于官,帑不能足,又属霜旱,先生力言于府,取军储数十万以救之。又言戍兵徒往来,不可为用,不若损数以募土人为便。①

张载做渭州军事判官时,利用自己对渭帅蔡公子的影响力,为边塞百姓谋取福利,兼顾边防大局。由此可以看出,张载的礼学修习并不是为了一个纯粹的礼,不是一种纯粹的哲学的思辨,而是向上巩固社稷江山,向下爱护黎民百姓。但是,遗憾的是,或者幸运的是,他的仕途之路却不怎么通畅,一生的绝大多数时间都在民间琢磨、传授儒家学问。

熙宁二年(1069),吕公著推荐张载说:"张载学有本原,四方之学者皆宗之,可以召对访问。"宋神宗召见张载询问治国安邦的方法和理念。张载用恢复三代之治对答。宋神宗很欣赏张载,要重用他。张载以久在地方,不熟悉朝廷的大政方针为由,请求先观政。然后,由于张载的政见与执政大臣不合,重用他的事情无疾而终,他的职务变成了案狱浙东。他从浙东返回朝廷时,又赶上他的弟弟因言获罪。张载决定离开这个大旋涡,返回故居。

> 横渠至僻陋,有田数百亩以供岁计,约而能足,人不堪其忧,而先生处之益安。终日危坐一室,左右简编,俯而读,仰而思,有得则识之,或中夜起坐,取烛以书,其志道精思,未始须臾息,亦未尝须臾忘也。学者有问,多告以知礼成性变化气质之道,学必如圣人而后已,闻者莫不动心有进。又以为教之必能养之然后信,故虽贫不能自给,苟门人之无贵者,虽粝蔬亦共之。其自得之者,穷神化,一天人,立大本,斥异学,自孟子以来,未之有也。尝谓门人曰:"吾学既得于心,则修其辞命,辞无差,

---

① 陈俊民:《蓝田吕氏遗著辑校》,中华书局,1993年,第587页。

然后断事，断事无失，吾乃沛然。精义入神者，豫而已矣。"①

张载在横渠老家的日子并不宽裕，颇有颜回居陋巷的感觉。"人不堪其忧，回也不改其乐。"颜回的陋巷之乐，是后世儒者追求大道时的一个极佳的情绪模板。宋代儒学甚至把这种情绪作为一个专项课题反复研究。但在张载这里，陋既不是刻意制造出来锻炼心神的场景，也不是想象出来满足模仿快感的幻象，而是一个确确实实的生活处境。在这样的处境中，"先生处之益安"。吕大临当时一定在跟随张载学习，所以对张载的行为了如指掌，连细节都很了解。吕大临在理学之外，还有文学才能。

> 先生气质刚毅，德盛貌严，然与人居，久而日亲。其治家接物，大要正己以感人，人未之信，反躬自治，不以语人，虽有未喻，安行而无悔，故识与不识，闻风而畏，非其义也，不敢以一毫及之。其家童子，必使洒扫应对，给侍长者；女子之未嫁者，必使亲祭祀，纳酒浆，皆所以养孙弟，就成德。尝曰："事亲奉祭，岂可使人为之！"闻人之善，喜见颜色。答问学者，虽多不倦，有不能者，未尝不开其端。其所至必访人才，有可语者，必丁宁以诲之，惟恐其成就之晚。岁值大歉，至人相食，家人恶米不凿，将舂之，先生亟止之曰："饿殍满野，虽蔬食且自愧，又安忍有择乎！"甚或咨嗟对案不食者数四。②

张载平素是很严厉的一个人，给吕大临的第一印象是"德盛貌严"。这倒是符合人们传统观念中对老师的要求，"严师出高徒"并不是一句简简单单的俗语，其中寄托着对老师的基本要求。无疑，张载就是这样的老师。但与流俗之中的严师不同，张载并不是依靠言辞或者暴力来传递严师的形象，而是在"正己以感人"上下功夫。"人未之信，反躬自

---

① 陈俊民：《蓝田吕氏遗著辑校》，中华书局，1993年，第588页。
② 陈俊民：《蓝田吕氏遗著辑校》，中华书局，1993年，第588—589页。

治"，这样的老师，在历史上和现实中都不多见。立足自身的充实，让充实的自我成为老师这个词最深刻的力量来源。虽然现在已经到了信息时代，但张载仍旧可以成为无数学生倾慕的老师。

张载做老师，肚子里有真学问，在倒出来的态度和方法上也很有章法。比如治家，小孩子必须做洒扫应对的家务，必须学会给侍长者；没有出嫁的姑娘，必须"亲祭祀，纳酒浆"。面对访学的学者，张载也不藏私，有问必答，反复叮咛，不厌其烦。家乡遭到大灾，张载难过得吃不下饭。吕大钧写《天下为一家赋》时，是否受到张载的直接指点，我们不清楚。但在吕大临的笔墨中，我们从张载的行为中看到，天下为一家在他那里不但是一个社会理想，而且已经成为融入其生命深处的人格气象。"然与人居，久而日亲"，"亲"是吕大临对张载学问和气质的最终情感印象，也是张载生命的底色。

元丰八年（1085）六月，程颢病逝。十月，程颐葬其兄于伊川先茔（在洛阳西南，现伊川县城郊）。吕大临为程颢致《哀词》。《哀词》不长，我们照录在下面，方便看吕大临眼中第二任先生的气度精神。

> 呜呼！去圣远矣，斯文丧矣。先王之流风善政，泯没而不可见；明师贤弟子传授之学，断绝而不得闻。以章句训诂为能穷遗经，以仪章度数为能尽儒术；使圣人之道玩于腐儒讽诵之余，隐于百姓日用之末；反求诸己，则罔然无得；施之于天下，则若不可行；异端争衡，犹不与此。

> 先生负特立之才，知《大学》之要；博闻强识，躬行力究；察伦明物，极其所止；涣然心释，洞见道体。其造于约也，虽事变之感不一，知应以是心而不穷；虽天下之理至众，知反之吾身而自足。其致于一也，异端并立而不能移，圣人复起而不与易。其养之成也，和气充浃，见于声容，然望之崇深，不可慢也；遇事优为，从容不迫，然诚心恳恻，弗之措也。其自任

之重也，宁学圣人而未至，不欲以一善成名；宁以一物不被泽为己病，不欲以一时之利为己功。其自信之笃也，吾志可行，不苟洁其去就；吾义所安，虽小官有所不屑。

夫位天地，育万物者，道也；传斯道者，斯文也；振已坠之文，达未行之道者，先生也。使学不卒传，志不卒行，至于此极者，天也。先生之德，可形容者，犹可道也；其独智自得，合乎天，契乎先圣者，不可得而道也。元丰八年六月，明道先生卒。门人学者皆以所自得者名先生之德，先生之德未易名也，亦各伸其志尔。汲郡吕大临书。①

这篇《哀词》从儒学传承角度陈说程颢的贡献。首段说先王故去之后，大道泯灭不可见。后世儒生无论从"章句训诂"入手还是从"仪章度数"入手，典章句子还在口头传诵，大道却隐藏在社会发展的表象之后不再显现。尽管内求于己、外行于天下的修行法门还在，但是"反求诸己，则罔然无得；施之于天下，则若不可行"。道断路绝，儒学衰落。在儒学千年衰落的大背景下，宋代儒学复兴的历史价值和历史地位便被自然而然地凸显了出来。由于是《哀词》，所以吕大临没有提及其他人物的历史贡献，而是直接描述程颢。

中间段落是华彩乐章。吕大临起笔用"先生负特立之才"勾勒出程颢的英姿，用"博闻强识，躬行力究；察伦明物，极其所止；涣然心释，洞见道体"六个词，从知行一体、观察万物、智慧洞见三个方面描述程颢学问的路径、方法和要义。在这一句中，最要紧的是点出了程颢在学问根基上对儒学的贡献：重新发现了《大学》，阐明了《大学》的要义。《大学》原本只是《小戴礼记》的第四十二章，是程颢把它阐释为儒学的心法，作为接续儒学道统的第一文本的。这时，还没有"四书"的说法。"四书"作为儒家经典的一翼，要等到南宋朱熹重订儒学知识系统

---

① 陈俊民：《蓝田吕氏遗著辑校》，中华书局，1993年，第585—586页。

时才定型。传统学术发展到宋代，儒学知识体系重组，各板块在系统中的价值被重新审视，在这个伟大的重组、重构过程中，程颢"知《大学》之要"实在可以视为新知识时代的基石。先生能够着力于此，学生能够心领神会，浓墨重彩地著之竹帛，师生相知，堪为佳话。在吕大临笔下，程颢抓住了儒家学问"一以贯之"方法论的根本和枢纽，获得了坚实的真理，达到了"异端并立而不能移，圣人复起而不与易"的境界。在人格气质上，"其养之成也，和气充浃，见于声容"，以此为根基，"遇事优为，从容不迫"；在格局境界上，"宁学圣人而未至，不欲以一善成名；宁以一物不被泽为己病，不欲以一时之利为己功"。"以一物不被泽为己病"，这样的格局，这样的气度，在现在这个知识被充分细化、很多人都在极其有限的知识领域内讨生活的时代，有消解狭隘视野、开阔人生胸襟的价值。有根基，有枢纽，有境界，有格局，程颢的大气象在吕大临的笔墨之中氤氲而出。有如此超拔的学问为底蕴，历史和未来自然成为眼底的清晰图景，一时一地的得失哪里还需要去计较——"其自信之笃也，吾志可行，不苟洁其去就；吾义所安，虽小官有所不屑"。

尾段厘定程颢学问的儒学史地位，附论程颢学问泽被门人，这些就无须在此再花费口舌阐说了。

吕大临的笔下，不仅有先生的学问，还有先生的人格气质。或者在他的眼中，首先看到的是先生的人格气质。岁月流逝，风物流转，薪火相传，借助吕大临的记述文字，先生的人格气象和人生境界散发出和煦的光彩，吸引、启发人们向往大道，追寻真理。

吕氏兄弟有能力，有才华，在当时顶尖的先生的培养下，获得纵观古今，延及未来的历史视野，明白了社会发展的趋势。这一点，对于有志于做出大事业的人而言，非常重要。

兄弟几人能够名垂青史，得力于吕大防站到了人臣的巅峰，获得了立传的资格。于是，《宋史》便把兄弟几人打包做了一个专辑。但是，《宋史》列传有255卷，写下的人物以千来计都算是少的。这些人，在当时都曾经搅起过历史的云烟，在一时一地的事件中都发挥过不小的作用，然而，他们中的绝大多数都没有对历史大势产生太大的影响，也不会被后人想起来。历史太大了，大到了没有超人的战略眼光，抓不住历史真正的大趋势，根本就不会留下有分量的痕迹。还好，我们的主人公们在自己的生命中扎扎实实地抓住了中国传统文明变迁的千年契机，找准了自己的位置，把自己的生命和智慧融入了中国传统社会的结构之中，为自己赢得了永恒的文化生命。这一点，并不是我们的夸张或者吹捧，而是吕大钧自己的宣言："有命，不得于今，必得于后世。"没有半分的扭捏和不好意思，也感受不到什么傲气，这么坦荡、直白的一句话，透着十足的通达和智慧。

乡约：日用之道，天下一家

一、《乡约》：百姓日用之道

他们究竟做下了何等大事来支撑他们的大话，使之成为大实话呢？说起来，很简单：

> （吕大防）与大忠及弟大临同居，相切磋论道考礼，冠昏丧祭一本于古。关中言《礼》学者推吕氏。尝为《乡约》曰："凡同约者，德业相劝，过失相规，礼俗相交，患难相恤，有善则书于籍，有过若违约者亦书之，三犯而行罚，不悛者绝之。"①

熙宁十年（1077）十二月初五，是《乡约》公布实行的日期。《乡约》公布后，由在家读书研礼的吕大钧主持推行。

关于《乡约》的具体作者，历史上有三种说法。第一种即我们所引《宋史》中的说法，《乡约》为吕大防的作品；第二种说法认为吕大忠为《乡约》的作者，原因是《乡约》文本是以吕大忠的口吻发布的；第三种则是现代研究者综合各种材料，分析认为吕大钧是《乡约》的作者。不管依照哪种说法，我们追溯《乡约》撰写与实施这件事情时，都会发现吕氏兄弟全都牵涉其中。而且，从《宋史》书写的这段文字看，吕氏兄弟曾经在吕大防的主导下，"切磋论道考礼"，可知吕大防虽然没有拜张载、二程这等当时学界的大儒为师，但在把握儒学复兴的大趋势上也是精准地踩到了要点上。因此，说吕氏兄弟在学问上组成了一个小小的团队没有任何问题，说《乡约》文本的内容和思想是兄弟几人论道考礼时切磋出来的成果，也在情理之中。所以，综合事实，把《乡约》视为吕氏兄弟共同的思想成果，把吕大钧视为《乡约》的中心人物，应当比较合适。

《乡约》的文本共两千余字，分为"德业相劝""过失相规""礼俗相交""患难相恤"四部分。其核心内容分别为赏善、惩恶、礼仪、救济。每部分又分若干条目，对行为举止、仪态服饰、长幼秩序均作了

---

① 陈俊民：《蓝田吕氏遗著辑校》，中华书局，1993年，第607页。

规定。

"德业相劝"是总纲，提出了为人处世的一系列道德原则，也反映了作者的道德评价标准。其文曰：

> 德，谓见善必行，闻过必改。能治其身，能治其家，能事父兄，能教子弟；能御僮仆，能事长上；能睦亲故，能择交游。能守廉介，能广施惠；能受寄托，能救患难；能规过失，能为人谋，能为众集事；能解斗争，能决是非；能兴利除害，能居官举职。……
>
> 业，谓居家则事父兄，教子弟，待妻妾；在外则事长上，接朋友，教后生，御僮仆。至于读书治田，营家济物，好礼乐射御书数之类，皆可为之。非此之类，皆为无益。①

这一总纲可以说是儒家"修身、齐家、治国、平天下"的具体化、道德规范化。

"过失相规"部分所规定的过失具体包括犯义之过六种、犯约之过四种及不修之过。犯义之过为酗博斗讼、行止逾违、行不恭逊、言不忠信、造言诬毁、营私太甚六种；犯约之过则是指违反《乡约》四项主要精神的行为，即德业不相劝、过失不相规、礼俗不相成、患难不相恤四种行径；不修之过指个人修养上的缺失，共分交非其人、游戏怠惰、动作无仪、临事不恪、用度不节五种。

"礼俗相交"是指对日常生活中人际交往的礼节加以规范，具体包括以下几点：凡婚姻丧葬祭祀之礼，以《礼记》所载为准则，如果难以立即施行，则先使用家传旧仪作为权宜，过于鄙陋不经的习俗务必去除；凡乡人应酬书问的礼节，由约中人共同商定施行；凡遇约中人庆吊之事，每家只家长和同约者往赴，书问规格相同，至于所助之事和所赠之物，则由约中人临时聚议，根据各自财力高下和关系亲疏量度而行；凡遇婚嫁庆贺及丧葬所需的赠品，按照古礼明确规定具体所赠何物、赠值范围；

---

① 陈俊民：《蓝田吕氏遗著辑校》，中华书局，1993年，第563页。

庆吊助事，婚嫁则借助器物，丧葬则借助人力。

"患难相恤"指同约中一人有难，他人有义务对之进行援助，其中明确规定了需要援助的七种急难之事：水火、盗贼、疾病、死丧、孤弱、诬枉、贫乏。凡遇以上七种急难之事，同约中人都有义务提供钱财、器用、车马、人员进行援助，但其中非必需品以及不便出借的东西可以不借，但如果援救人可借而不借，以及受助人借物逾期不还或损坏器物，都将受到约中惩罚。《乡约》同时也规定了凡乡人有患难之事，即使其人非入约者，约中人也应当对之进行救恤。

惩罚作为约束机制，在《乡约》中也做了明确而细致的规定。其中犯义之过，罚五百钱，程度较轻者可减至三百到四百钱。不修之过和犯约之过，均罚一百钱，程度重的可增到二百至三百钱。凡较轻之过，经过约中人规劝改正，或能够自己主动承认者，可以免除惩罚，只是将之记录于册以示惩戒。但如果是二次犯错者，不属免除之列。凡犯错不听劝阻，或经规劝改正后复犯，以及犯错情节较严重者，一律立即实施惩罚。犯错程度为士论所不能容忍者以及累犯重罚而不改者，将专门聚会进行商讨，如果确定绝对不可容忍，则将其逐出乡约（民间士绅结社的一种形式）。而对于德业善行所做的奖赏，则是以记录于册的方式对之进行精神鼓励。乡约通过赏善惩恶两方面的措施，形成了一个较为全面系统的运行机制。

作为民间自治组织的章程条文，《乡约》规定了组织形式和活动内容。乡约设"主事"负责管理事务，分"约正"和"直月"。"约正一人或二人，众推正直不阿者为之，专主平决赏罚当否。直月一人，同约中不依高下，以长少轮次为之，一约一更，主约中杂事"。乡约的运行采取定期聚会的活动方式，每月一小聚，每季一大聚。聚会的有关准备事宜由直月负责。乡约吸收的对象主要是乡人，"来者亦不拒，去者亦不追"，实行自愿加入的原则。乡约中人有了德业条列举的善行就会在聚会时记录在案，以示鼓励；犯了错误同样被记录在案，并会受到惩罚。

《乡约》末段明志，吕大忠在此写道："人之所赖于邻里乡党者，犹身有手足，家有兄弟，善恶利害皆与之同，不可一日而无之。不然，则秦越其视，何与于我哉！大忠素病于此，且不能勉，愿与乡人共行斯道。惧德未信，动或取咎，敢举其目，先求同志，苟以为可，愿书其诺，成吾里仁之美，有望于众君子焉。"①这段话，也有人提出异议说是吕大钧所写。不论在作者方面有何异议，这段话里蕴含的人与人之间和睦而亲密的关系却是极有价值的。这种观点，把原本无甚相关，或者说，只在利益上构成或一致或矛盾的邻里，纳入到儒家的"天下一家，中国一人"情感关系逻辑之中。这种情感关系逻辑，若无相匹配的社会组织作为肌体，只能是一种虚幻的想象。吕氏兄弟致力于把天下为一家的理论构想变换为人民生活的理想境界，《乡约》便是他们构造百姓日用之道的准则与组织形式。

《乡约》的文本只是一个行动纲领，把行动纲领在实践中变成行动才是它存在的意义与价值。行动需要更为细致的方案。在日用之道的层面上去实践，需要能够覆盖生活的方方面面的可操作的方案，仅有《乡约》是不够的。因此，吕大钧撰写《乡仪》补充、充实《乡约》，把乡党的日常行为举止充分文明化、礼学化。

吕大钧的《乡仪》共由四部分组成。其一，宾仪，包含"相见、长少、往还、衣冠、刺字、进退、迎送、拜揖、请召、齿位、献酢、道途、献遗、迎劳、饯送"等十五个方面。其二，吉仪，包括"祭先、祭旁亲、祭五祀、祷水旱"等四个方面。其三，嘉仪，包括"昏、冠"两种礼仪。其四，凶仪，包括"吊哭、居丧"两种礼仪。②这四个部分涵盖了百姓生活的方方面面，小到长幼序齿、迎来送往，大到婚丧嫁娶，无论是人

---

① 陈俊民：《蓝田吕氏遗著辑校》，中华书局，1993年，第567页。
② 陈俊民：《蓝田吕氏遗著辑校》，中华书局，1993年，第571页。

伦礼仪,还是奉祀先祖、祈祷上天,均在《乡仪》所论的范围内。

从接受角度看,吕大钧的《乡仪》言辞简洁、意义清楚,虽说不可能用白话文来写,但大体有些古文阅读经验的人,就能读懂。

从教化和修身角度看,吕大钧的《乡仪》从仪式上讲求简约,从内涵上讲求文明,从作用上讲求移风易俗,其中相当多的内容哪怕是放到现在也很有现实意义。如:婚礼。"古之昏礼,其事至严。以酒食召邻里,所以厚其别;亲迎执挚,所以致其恭;不乐不贺,所以思其继;同牢合卺,所以成其爱。岂有鄙亵之事以相侮玩哉!近俗六礼多废,货财相交,婿或以花饰衣冠,妇或以声乐迎导,猥仪鄙事,无所不为,非所以谨夫妇,严宗庙也。今虽未能悉变,如亲迎同牢,岂可不语?流俗弊事,岂可不去?若有意乎礼,尚进于斯。"[1]所谓"复古",古不是目的,目的在于用古代的礼仪制度简化流俗的烦琐礼仪,用诉诸精神层面的严肃雅洁扫除流俗弊事的货财相交、鄙亵侮玩。这样的婚礼,与西方的教堂婚礼相比毫不逊色。

二、兄弟辩难

从现有的资料看,在《乡约》推行的过程中,兄弟之间出现了分歧,如果不是"勇不可及"的吕大钧一力坚持,兴许《乡约》只会停留在兄弟几人思想火花的层面上,而不会作为一种实践的力量深深嵌入中国传统社会治理体系的肌体之内。

在《乡约》的推行过程中,吕大忠、吕大防都对《乡约》是否适合乡党、是否适合在当时的政治气候之下推行有过疑虑。吕大忠在往来信件中,对这些问题都给予了坚定明确的回答。

如,《答伯兄》:"《乡约》中有绳之稍急者,诚为当已逐,旋改

---

[1] 陈俊民:《蓝田吕氏遗著辑校》,中华书局,1993年,第580页。

更从宽。其来者亦不拒，去者亦不追，固如来教。"① 看来在制定《乡约》时，有些条款并不适合当时乡党们的实际情况，步子迈得有些大，而且有些乡党还把情况反馈给了吕大忠。兄弟们在信件往返讨论后，对《乡约》的某些条款进行了修订，把尺度调宽，并增加了来去自由这个有吸引力的条目。

吕大忠关心的是如何做好、做完美；吕大防关心的是社会影响，他的问题是这件事情会不会引发朝廷的不安，会不会陷入党争的黑洞中去。那时候，北宋的党争已经开始，而且其烈度在逐步升级。吕大防本人的政治生涯的后半程基本上都是在尽力消解党争的祸患，因此，他的担心极有道理。相对于吕大忠关注的事情，吕大防关注的问题极难处理，因为它关系到这件事情敢做还是不敢做。

吕大钧道心通明，又向以"勇不可及"而著称，自然不会有吕大防身在高层瞻前顾后、如履薄冰的心态，更不会在敢做还是不敢做的问题上反复思量，疑虑重重。所以，对吕大防的问题，吕大钧的回答掷地有声。

> 惟以道观之，则真是真非乃见。若止取在上者之言为然，则君子何必博学？

> 所欲改为家仪，虽意在逊避，而于义不安。盖其间专是与乡人相约之事，除是废而不行，其间礼俗相成，患难相恤，在家人岂须言及之乎？若改为乡学规，却似不甚害义，此可行也。所云置约正、直月，亦如学中学正、直月（原为"日"，据《周礼》改。——编者注）之类。今小民有所聚集，犹自推神头、行老之目。其急难，自于逐项内细说事目，止是遭水火、盗贼、死丧、疾病、诬枉之类，亦皆是自来人情所共恤，法令之所许。约中止是量议损益，劝率其不修者耳。

> 汉之党事，去年李纯之有书已尝言及，寻有书辨其不相似。

---

① 陈俊民：《蓝田吕氏遗著辑校》，中华书局，1993年，第568页。

今录本上呈。党事之祸,皆当时诸人自取之,非独宦者之罪。不务实行,一罪也;妄相称党,傲公卿,二罪也;与宦者相疾如仇,三罪也;其得用者,遂欲诛戮宦者,四罪也。不知《乡约》有何事近之?[①]

这一段话分为三节。其一,为《乡约》寻求一个真理和人格上的立足点。其二,《乡约》合情合法,有其现实存在与发展的基础。其三,《乡约》作为民间组织的章程条文,与党争无关。这三节意思中,第一节尤见吕大钧的真性情。其中"若止取在上者之言为然,则君子何必博学"一句,更是力透纸背,千载之下,犹能感受到凛凛生气,实为道出古今豪杰之士求取大成就时所必备的人格特质。第二节言辞和缓,对吕大防细细地讲为什么不能把《乡约》改为《家仪》和《乡学规》,讲《乡约》中的条目是自古以来人同此心心同此理之事,是王朝法令准许之事。此事的心腹大患是党争黑洞。于是,第三节便着力于分解《乡约》与党争毫不相干。吕大钧指出党争四大罪,即不切实际、妄自组党、盲目仇官、得势不饶人。这四罪,"不务实行"是根本,它表明党争不过是欲望主导下的妄念与仇怨,不论打不打民生的旗号,都与民生无涉,也与民生无益。吕大钧据此以为,《乡约》和党争一点关系都没有。

但是,事情并没有完结。《乡约》实施以后,不是你说怎样就怎样,还要看别人如何传播与评价。在传播中出现歪曲,出现讹误,甚至出现故意扭曲,也是常事。这些事情,估计又传到了吕大防的耳朵里。吕大防再次来信劝导吕大钧,要不就算了吧。由于北宋党争白热化,新党得势后"遂欲诛戮宦者"(新党的手段,吕大钧多年前就已经说得一清二楚,我们在前文也看得很清楚),吕大防是严厉打击的重点对象,他的著述湮灭殆尽,这封信,还有上一封信,都没有保存下来。这些意思是根据吕大钧的回信推测出来的。吕大钧在回信中说:

[①] 陈俊民:《蓝田吕氏遗著辑校》,中华书局,1993年,第568页。

  《乡约》事累蒙教督甚切，备喻尊意，欲令保全，不陷刑祸。父兄之于子弟，莫不皆然。而在上者若不体悉子弟之志，必须从己之令，则亦难为下矣。盖人性之善则同，而为善之迹不一，或出或处，或行或止，苟不失于仁，皆不相害，又何必须以出仕为善乎？又自来往复之言，辞多抑扬，势当如此，惟可以意逆之，则情义可得，若寻文致疑，则不同之论，无有已时。处事有失，已随事改更，殊无所惮。即今所行《乡约》，与元初定甚有不同，乡人莫不知之，亦难为更一一告喻流传之人耳。[1]

  "欲令保全，不陷刑祸。父兄之于子弟，莫不皆然。"但是，人生在世，总要做些事情。我们做事情，本于仁心。或许，吕大防在信中警示弟弟，再这么下去，你的仕途就完了。吕大钧在回信中用行仁之时，无惧祸患来回应："或出或处，或行或止，苟不失于仁，皆不相害，又何必须以出仕为善乎？"

  任事担当，吕大钧是兄弟几人中眼光最长远、立场最坚定的一个。从兄弟间信件往来的辩难中不难看出，没有他，就不会有《乡约》在关中的推行和发展。如果没有《乡约》在关中取得的实效，那么中国传统乡间社会组织如何发展将会是另一番景象。

三　历史接力：乡约的价值

  "乡约"在现代汉语中已被理解为乡间（乡村）公约（约定），也很容易与当代的《××村村民公约》之类的文明守则相混淆。事实上，在北宋，乡约是民间士绅结社的一种形式，是基层治理中的民间自治形式，用现代语言打比方，可以理解为社团。文本只是这种民间自治的脚

---

[1]　陈俊民：《蓝田吕氏遗著辑校》，中华书局，1993年，第569页。

本而已。因此，理解乡约的要点，在于把它看作文化实践的组织形式。换言之，乡约是儒者知行合一在团体层面的践履组织。

《乡约》借孔子乡党与里仁之美的言论，以结社自治形式补充民间结社，这在中国古代是一种常见的行为。

"社"的本义是土地神，首见于《左传》，由于周代以来上自国都下至乡里，都要于春、秋二季祭祀社神，故"社"又衍生出社神、神庙之义，进而成为共同祭祀社神的村社组织之代称，并出现呈层级分布的大社（社稷）、县社、乡社、里社之名。汉代开始出现民众自相结立的祭祀组织"私社"，这是中国历史上首次出现的私社。之后"社"开始广泛用于称呼各种组织团体。到宋代为止，常见的社有：汉魏两晋南北朝隋唐间，出现以宗族为纽带的"宗社"，宗教信徒组织的"法社""香火社""燃灯社"，民间互助组织"亲情社""官品社""女人社""坊巷社""牛社""马社""渠社"，东晋高僧慧远与士人刘遗民、雷次宗等所结的宗教组织"白莲社"，隋末的民间起义军"黑社"和"白社"，唐代始有的民兵组织称"社"或"义社"，宋代民众自相联合御敌的军事组织"弓箭社""巡社"，宋代横行乡里的流氓团体"没命社""霸王社""亡命社"，宋代以庙会为活动中心的表演团体"绯绿社""齐云社""遏云社"等，宋代科举士子组织的"文社""课社""书社"，宋代学者组织的"经社""保社"，宋代乡人结立义役以承役的"义社"，宋代居乡待阙官员组织的文艺团体"棋社"、文学团体"诗社"，等等。

简短回顾民间结社史，可以发现宋人结社特别普遍，各个阶层、各个行当都有自己独特的社团。与上述"社"不同之处在于，乡约是结社史上，既无宗教性又无宗族性，既非学术研讨又非生活互助，既无商业色彩也无武力色彩的民间组织。

乡约在中国传统社会中的价值，发端于其自觉的社会定位。在儒学政治哲学中，自修身，至齐家，至治国，至平天下，是源远流长的道德修养传统。在封建制的社会体制中，家、国、天下是层次分明的政治组织，而且三者密切配合，覆盖了社会的方方面面，儒家的自身境界晋阶及天下的上升通道自然畅通无阻。秦以郡县制代替封建制，自秦至宋，封建制逐渐削弱，以至于仅具象征意义，郡县制逐步发展成熟，家、国、天下这三层社会政治组织或变异或消解，家、国、天下与先秦已有大不同。因此，儒家政治传统中的修身、齐家、治国、平天下四环节中，两端依然坚实可靠，但中间环节却缺乏实际的组织载体与运作机制。

"秦汉至唐宋是一个混乱时期，农村组织屡次更改，乡治精神根本丧失。一直到了熙宁以后，保甲、乡约、社仓、社学才逐渐推行，乡治精神和事业两方，都有改善的趋势。"[①] 吕氏兄弟的《乡约》，抓住了中国社会封建制转郡县制过程中出现的社会治理组织的漏洞，抓住了在新的社会形态中儒学逻辑链条的历史性裂痕，抓住了儒学之道的发展脉络，并以极高的智慧，把问题转换为成就人生功业的契机，故而一旦发轫，便会在历史进程中不断深化、完善，最终成为中国基层政治治理的基本制度。无论从儒学自身在知和行两方面的完善，还是从中国社会治理制度的完善来讲，《乡约》都功莫大焉。这便是其学理与实践的价值所在。

但《乡约》发挥其价值并不是一帆风顺的，而是充满了坎坷和磨难。

在上一节中，我们看到如果不是吕大钧的坚持，《乡约》可能就会在萌生时期便夭折。事实上，《乡约》出现在北宋世间时，质疑者有之，反对者有之。不过，尽管处境艰难，在关中还是收获了以文明化流俗的丰硕果实，在历史上留下了一串脚印。

《乡约》最大的劫难是北宋亡国。

1127年，北宋亡国，中原沦陷。三年后，关中沦陷。关中文化的根本消失，关中文物风流云散，《乡约》就沉没在历史的波涛深处。

到了南宋朱熹的时候，《乡约》已经鲜为人知了，吕氏的《乡仪》

---

① 杨开道：《中国乡约制度》，商务印书馆，2015年，第12页。

居然成为《苏氏乡仪》。不清楚历史是怎么转弯的。总之,如果没有人站出来正本清源,估计吕氏兄弟的历史贡献,《乡约》以"天下为一家"为精神根基的百姓日用之道将不可能重见天日。这个站出来的人是朱熹。发轫于北宋的儒学变革,到了朱熹,算是进入了成熟期、收获期。朱熹也成为儒学史上集大成于一身的人物。程朱理学成为涵盖南北宋儒学精华的固定名词。

朱熹从当时已经支离破碎的资料中钩沉出吕氏兄弟《乡约》的原文,找到《乡仪》的文章,编辑为完善可读的本子,使后人重新实行《乡约》时有据可依。但朱熹对《乡约》《乡仪》的整理工作并不是仅仅停留在知识考古学的层面上。朱熹是一位思想家,也是一位政治家,所以,他整理出《乡约》《乡仪》之后,就敏锐地发现二者的不足。如两者本来性质互补,可以连成一体,打成一片,现在却是两个互不统属的文本;再如《乡约》所谓"礼俗相交"模糊不清,鼓励、警示组织成员又没有固定章程。于是,朱熹就很自然地下手修订《乡约》。他的办法是参考其他典籍,结合当前社会情况,依据自己的理解,该增加增加,该减损减损。这便成了我们现在所知,后人据以实行的《吕氏乡约》。

元代,虽然村社组织完备,社仓、社学均得到发展,但《吕氏乡约》却没有好的命运,它中断了。

《吕氏乡约》书影

到了明代,情势又发生了翻天覆地的变化。明太祖的洪武礼制中誓词的内容与《吕氏乡约》约文的精神颇多吻合之处。洪武五年(1372),明太祖命令各乡里建筑申明亭,以宣布所辖区域民众中的恶行。申明亭与旌善亭相配合。一扬善，一警恶，简直就是朱熹修订《吕氏乡约》时设想的善恶簿子的放大版和固定版。而明太祖的圣谕六训，即"孝顺父母，尊敬长上，和睦乡里，教训子孙，各安生理，无作非为"，与《吕氏乡约》的核心诉求若合符节。明成祖即位后，取《吕氏乡约》列于性理成书，颁行天下。《吕氏乡约》获得明朝的正式认可和继承。

随着程朱理学官方地位的确立，经朱熹增损过的《吕氏乡约》开始流行，并且逐渐得到政府的支持。乡约组织也得到了很大发展，这些组织或直接采用《吕氏乡约》作为活动章程，或仿《吕氏乡约》自制规程。不但其版本一再被刊刻，效仿之作也越来越多。如明正德五年（1510），三原县王承裕刻《吕氏乡约》于弘道书院。效仿之作如南康胡泳兄弟的《胡氏乡约》、莆田陈亦则的《仰止书堂乡约》等。

在一些学者士绅刊刻《吕氏乡约》并在小范围内践行的同时，一些官员也力图将其与政府权力相结合以促进其实施。如浙江布政使莫如忠主张把乡约和保甲制度相结合，以达到乡村控制的目的；温州知府文林则主张把乡约与宗范相结合，以达到教化的目的。

在《吕氏乡约》开枝散叶的实践过程中，对乡约制度的方向影响最大的是王守仁（即王阳明）。正德十五年（1520）正月，时任南赣、汀、漳等处巡抚，右佥都御史的王守仁以正三品大员之尊公布了三千余言的《南赣乡约》。在《南赣乡约》的约前咨文中，王阳明说："今特为乡约，以协和尔民，自今凡尔同约之民，皆宜孝尔父母，敬尔兄长，教训尔子孙，和顺尔乡里，死丧相助，患难相恤，善相劝勉，恶相告戒，息讼罢争，讲信修睦，务为良善之民，共成仁厚之俗。"把圣谕六训和《吕氏乡约》的四大条目糅合在一起。自此，《吕氏乡约》渐次成为乡约制度的有机组成部分，并失去其民间自治组织的面目。

王阳明的《南赣乡约》还只是一地的局部的政策措施。到了嘉靖、万历年间，刑部侍郎吕坤将乡约与保甲制度相结合，制定了《乡甲约》，并在全国范围推广实行。这样一来，皇权就正式而系统地介入到乡约这种民间组织之中。约正成为帝王的臣属，宣讲圣谕也成了其必须履行的职责。明太祖的圣谕六训也由此成为乡约的中心内容。乡约就此定型为传统社会治理的基本制度。

清军入关后，清世祖在顺治九年（1652）把明太祖的圣谕六训碑文颁行八旗即直隶各省，顺治十六年（1659），又行文令各省府州县，于每月朔望日举行乡约，宣读圣谕六训。乡约又变身为清代皇帝治理民间地方的御用工具。

乡约前期命运多舛，明清两朝把乡约从一种向善的、移风易俗的民间组织慢慢融入传统社会治理制度之中，成为百姓日用之道。这既是乡约价值实现的过程，也是乡约逐步丧失其内在的自治精神，逐渐僵化、形式化的过程。

乡约的另一重价值，或者说，它的内在蕴含的革命性的、精神性的价值，今人杨开道说得最为清楚："中国几千年的政治，都是人民被治，士人治人；士人阶级总是同政府打成一片，而没有同人民打成一片的。乡约制度的起源，实在是一个破天荒的举动，人民居然能得士人阶级的指导，士人居然能弃政治舞台的生活。"[1]从吕大钧给吕大防的信件中可以看出，这一点当时的吕氏兄弟已经意识到了。不仅如此，他们甚至还意识到了，这种士人与民间的结合形式可能会为上所不许。这一重价值，太过超前，所以在此后的历史发展中，总会被有意无意地消解掉。也就是到了20世纪初期，旧有的社会组织形式无法处理世界发展的大势，整个社会的革命意识被彻底唤醒，知识阶层和民众之间的关系才真正地获得了革命性的变化，其中，真正扑下身子，和老百姓同呼吸、共命运，取得辉煌成就的，是中国共产党人。

吕氏兄弟的《乡约》，以儒家理学为哲学基础，以儒家先圣教诲为

---

[1] 杨开道：《中国乡约制度》，商务印书馆，2015年，第27页。

行事理念，既是思想的，又是实践的，既是道德性的，又是政治性的。其价值与意义在历史的发展中渐次展开、渐次演化，从文本内容，到组织形式，再到精神境界，时代不同，发挥作用的层面便不相同，看法与评价也不相同，恰如钻石，不同的切面有不同的色泽、不同的光芒。

参考文献

一、古代典籍

[1] 礼记 [M]. 文渊阁四库全书本.

[2] 孔伋. 中庸 [M]. 文渊阁四库全书本.

[3] 刘勰. 文心雕龙 [M]. 文渊阁四库全书本.

[4] 韩愈. 韩昌黎集 [M]. 上海：商务印书馆，1933（民国22年）.

[5] 张载. 张载集 [M]. 章锡琛，点校. 北京：中华书局，1978.

[6] 苏轼. 苏轼文集 [M]. 孔凡礼，点校. 北京：中华书局，1986.

[7] 苏辙. 栾城集 [M]. 文渊阁四库全书本.

[8] 程颢，程颐. 二程集 [M]. 北京：中华书局，1981.

[9] 刘安世. 尽言集 [M]. 文渊阁四库全书本.

[10] 李焘. 续资治通鉴长编 [M]. 文渊阁四库全书本.

[11] 朱熹. 伊洛渊源录 [M]. 文渊阁四库全书本.

[12] 朱熹. 晦庵先生朱文公文集 [M]. 文渊阁四库全书本.

[13] 曾恬，胡安国. 上蔡语录 [M]. 文渊阁四库全书本.

[14] 邵伯温. 闻见录 [M]. 文渊阁四库全书本.

[15] 杨仲良. 皇宋通鉴长编纪事本末 [M]. 李之亮，校点. 哈尔滨：黑龙江人民出版社，2006.

[16] 胡仔. 苕溪渔隐丛话：后集 [M]. 北京：人民文学出版社，1981.

[17] 张端义. 贵耳集 [M]. 文渊阁四库全书本.

[18] 脱脱，等. 宋史 [M]. 北京：中华书局，2000.

[19] 司马光. 资治通鉴 [M]. 文渊阁四库全书本.

[20] 毕沅. 续资治通鉴 [M]. 文渊阁四库全书本.

[21] 毕沅. 续资治通鉴 [M]. 石印本. 上海：上海积山书局，1890（清光绪庚寅年）.

[22] 林駉. 古今源流至论续集 [M]. 文渊阁四库全书本.

[23]陕西通志[M].文渊阁四库全书本.

[24]河南通志[M].文渊阁四库全书本.

[25]黄宗羲.宋元学案[M].全祖望,补修.陈金生,梁运华,点校.北京:中华书局,1982.

[26]王夫之.宋论[M].舒士彦,点校.北京:中华书局,1964.

[27]吴楚材,吴调侯.古文观止[M].上海:世界书局,1936(民国25年).

二、今人著作

[1]杨开道.中国乡约制度[M].北京:商务印书馆,2015.

[2]朱谦之.老子校释[M].北京:中华书局,1984.

[3]陈俊民.蓝田吕氏遗著辑校[M].北京:中华书局,1993.

[4]国家图书馆善本金石组.宋代石刻文献全编[M].北京:北京图书馆出版社,2003.

[5]陕西省社会科学院,陕西省文物局.陕西碑石精华[M].西安:三秦出版社,2006.

[6]曾枣庄,刘琳.全宋文[M].上海:上海辞书出版社,2006.

三、学术论文

[1]邓小南.略谈宋代的"堂除"[J].史学月刊,1990(4).

[2]周正举.苏轼自号"鏖糟陂里陶靖节"[J].四川大学学报(哲学社会科学版),1986(2).

[3]曾枣庄.文星璀璨的嘉祐二年贡举[J].北京大学学报,2010(1).

[4]李如冰.宋代蓝田四吕及其著述研究[D].西北大学博士论文,2010.

[5]蔡副全,宋涛.西狭《吕蕡题名》《吕大忠题记》考[J].兰州文理学院学报(社会科学版),2014(5).